JN432162

복음에 감격하는

새가족 성경공부

– 초신자 · 기신자 통합반을 위한 –

인도자용

묵상하는사람들
프리셉트

✚ 일러두기 ✚

본 연구원에서는 교회에 처음 출석한 새가족들을 위하여 네 가지 종류로 성경공부 교재를 발간하게 되었습니다. 일반적으로 지역 교회에 등록하는 분들은 처음 예수님을 믿기 시작한 초신자와 이미 교회 생활을 해 온 기신자로 분류됩니다. 기신자는 복음의 역동성을 누리는 성령 충만한 성도와 형식적 · 율법적 성도로 구분됩니다.

프리셉트성경연구원에서 개발한 새가족 성경공부는 총 4종으로 1권은 기신자를 위하여, 2권은 초신자를 위하여, 3권과 4권은 초신자와 기신자를 모두 아우르는 통합적 과정으로 내용을 심도 있게 편제하여 출간하였습니다.

1권	2권	3권	4권
기신자	초신자	초신자 및 기신자 공용	
기신자를 위한 새가족 성경공부	초신자를 위한 새가족 성경공부	복음에 감격하는 새가족 성경공부 (인도자용 별도)	당신은 구원받으셨습니까? 새가족 나눔 교재

본 교재는 새가족 성경공부 시리즈 3권으로서 초신자와 기신자 모두를 돕기 위해 예수님을 만난 후 경험하는 변화된 삶과 새 생명 안에서 누리는 감격적 축복에 집중하는 과정으로 편집하였습니다. 초신자는 주님을 만나는 감격을 경험하게 될 것입니다. 기신자 가운데 율법 · 형식에 얽매인 성도는 새롭

초신자 · 기신자를 위한 성경공부 교재 – 인도자용

B·i·b·l·e· S·t·u·d·y

복음에 감격하는

새가족 성경공부

인도자용

「개역개정」

초신자 · 기신자 통합반 I

김경섭 지음

묵상하는사람들

프리셉트

게 복음을 깨우침으로써 은혜의 삶을 추구하게 되고, 성령 충만한 성도는 복음의 역동성을 재발견하면서, 구원받은 신자의 현주소를 상세히 확인하게 될 것입니다.

새신자들은 반드시 예습을 해야 하며, 예습 과정에서 귀납적인 연구를 할 수 있도록 배려하였습니다. 그리고 각 과의 마지막은 삶의 적용으로 새가족들이 참여할 수 있도록 하였습니다. 어렵거나 이해가 잘 되지 않는 단어는 부록의 새가족을 위한 용어 사전에서 도움을 받으시기 바랍니다.

본 교재를 통하여 그리스도의 풍성한 사랑과 교제의 기쁨을 누리시기 바랍니다.

프리셉트성경연구원
원장 김경섭 목사

건강한 그리스도인으로
성장하기를 바라면서…

예수님의 이름으로 환영합니다.

새가족 나눔의 과정에 참여해 주셔서 진심으로 감사드립니다. 여러분 중에는 예수님과의 첫 만남을 갖고 저희 교회에서 신앙의 새 출발을 하는 분도 계실 것이고, 신앙생활을 조금 했지만 체계적으로 신앙의 훈련을 받지 못한 분들도 계실 것입니다.

먼저 저희 교회에서 신앙생활을 시작하여 하나님의 자녀로 거듭나 하나님께서 약속하신 영생의 복을 누리는 기쁨에 참여하게 된 것을 진심으로 축하드리며 환영합니다.

그리스도를 믿는 믿음 안에서 바르게 자라 건강한 그리스도인으로 성장하기를 바라면서 여러분의 신앙 성장을 위해 이 과정을 준비했습니다. 열심히 배우고 참여하셔서 성경에서 약속한 복들을 풍성하게 누리는 그리스도인이 되시기 바랍니다.

____________ 교회 ____________ 목사 드림

✚ 새가족 영접 기도 ✚

참 사랑의 하나님,

저는 하나님 앞에서 죄인입니다.
이 땅에서 참된 행복과 기쁨 없이 살았습니다.

이런 저를 하나님께서 불러 주시니 진심으로 감사드립니다.
예수님께서 십자가에서 흘리신 피로 저를 깨끗이 씻겨 주십시오.

예수님은 저의 죄를 위해 돌아가셨습니다.
예수님을 통해 하나님께로 갈 수 있게 하시니 감사합니다.

예수님께서 나의 구원자이시며 나의 주인이심을 믿습니다.
이제부터 영원토록 주님만을 모시며 살겠습니다.

성령님의 인도를 따라 하나님의 말씀을 배우며
죄의 성품을 버리고
예수님을 닮아가는 삶을 살게 해 주십시오.

예수님의 이름으로 기도합니다.
아멘.

차 례
Contents

인도자용

복음에 감격하는 새가족 성경공부

프리셉트 복음감격반

프리셉트 복음감격반 입소를 환영합니다.
복음은 세상에서 유일하게 가장 큰 기쁨의 소식입니다. 5주 동안 영혼의 큰 기쁨을 누리기 위해서 다음 사항을 잘 준수해 주십시오.

1. 성경은 인류 최고의 베스트셀러이며 위대하신 하나님의 말씀입니다. 온 마음을 다해 하나님의 음성에 귀 기울이십시오.

2. 이 과정을 담당하는 인도자를 마음 깊이 신뢰하고 따르십시오. 이 과정을 마칠 때까지 복음을 심령으로 알고 깨우칠 수 있도록 기도하십시오.

3. 이 과정에 참여하기 위해 시간을 정하고 결석하거나 지각하지 않도록 최선을 다하십시오.

4. 이 과정에 함께 참여하는 분들과 선한 교제를 나누시고 서로를 위해 기도하며 섬기십시오.

5. 이 과정을 마칠 때까지 일주일의 삶 속에서 여기에 확실한 우선순위를 두십시오.

「마음 문을 열면서」 안내

1. 이 시간은 본과에 진입하기 전에 서로 마음 문을 열고 진리의 말씀에 들어가기 위한 전초 작업을 하는 시간입니다(10분 이내).

2. 여기에 제시된 항목을 선택할 수 있고 첨가할 수 있습니다.

3. 억지로 발표하도록 강요하지 말고 자유롭게 발표하도록 허용하십시오.

복음에 감격하는

새가족 성경공부 인도자용

1과

복음이란 무엇인가?

*** 요한복음 1:12**

"영접하는 자 곧 그 이름을 믿는 자들에게는 하나님의 자녀가 되는 권세를 주셨으니"

▶ 이 장의 강력한 목표는 복음의 4가지 영적원리를 깨우쳐서 예수님을 영접하도록 돕는 것입니다. 이 과에서 일단 예수님을 영접하면 추후 4주간 예수님 안에서 삶의 전인격적 변화를 가져오도록 안내될 것입니다.

마음 문을 열면서

10분 이내로 자유롭게 발표할 수 있도록 인도한다.

1. 본인을 최대한 쉽게 소개하십시오(가족 관계, 하는 일, 취미, 성격 등).

STOP 짚어가기

간단하게 소개하여 너무 시간을 끌지 않도록 인도한다.

2. 지금까지 살면서 가장 기뻤던 때는 언제입니까?

STOP 짚어가기

상대를 진단하기 위한 질문이므로 경청해야 한다.
그러나 기신자라면 과거의 신앙생활 이야기 등 할 말이 많을 것이므로 적당한 선에서 끊고 다음으로 넘어갈 수 있도록 인도한다.

3. 여러분의 참된 행복을 위해 요청되는 기도제목은 무엇입니까?

STOP 짚어가기

간단하게 발표하도록 인도하고, 아래 박스의 '큰 기쁨의 좋은 소식'의 주요점을 외워 두었다가 능란하게 설명한다. 아니면 본문을 나눠서 읽는 것도 좋은 방법이다.

여기에 '큰 기쁨의 좋은 소식'이 있습니다.

인류는 오랜 역사를 통해서 참된 진리에 이르고자 온갖 노력을 기울였습니다. 그런데 참된 진리이신 창조주 하나님께 나아가는 길은 예수님밖에 없다고 성경은 선포합니다. 돈이나 업적, 선행이나 지식으로 진리에 이를 수 없습니다. 오직 예수님의 십자가와 사랑에 의해 진리에 이르는 길이 열립니다.

베드로 사도는 "다른 이로써는 구원을 받을 수 없나니 천하 사람 중에 구원을 받을 만한 다른 이름을 우리에게 주신 일이 없음이라 하였더라"(행 4:12)고 외쳤고, 예수님은 "내가 곧 길이요 진리요 생명이니 나로 말미암지 않고는 아버지께로 올 자가 없느니라"(요 14:6)고 말씀하셨습니다. 여기에 큰 기쁨의 좋은 소식이 있습니다.

자연계에 자연 법칙이 있듯이 하나님과 사람 사이에도 영적인 원리가 있습니다.

A. 하나님의 계획과 사랑

절대자, 창조주 하나님에 대한 개념을 알게 한다.

1. 창조주 하나님께서는 진실로 여러분을 사랑하시며 여러분을 위한 놀라운 계획을 가지고 계십니다. 이를 어떻게 알 수 있습니까?

말씀을 통해서 알 수 있음

요한복음 3:16
하나님이 세상을 이처럼 사랑하사 독생자를 주셨으니 이는 그를 믿는 자마다 멸망하지 않고 영생을 얻게 하려 하심이라

요한복음 10:10
도둑이 오는 것은 도둑질하고 죽이고 멸망시키려는 것뿐이요 내가 온 것은 양으로 생명을 얻게 하고 더 풍성히 얻게 하려는 것이라

STOP 짚어가기

복음을 듣고도 영혼이 어두운 자의 미래가 밝을 수 있을까? 우리는 하나님의 계획과 사랑을 배워야 한다. 그럴 때 하나님께서는 내 상황에 상관없이 내 인생을 영화롭게 하실 것임을 알게 될 것이다.

2. 과연 하나님은 존재하신다고 믿습니까?[주1] 우리가 어떻게 하나님을 알 수 있습니까?

로마서 1:19-20

이는 하나님을 알 만한 것이 그들 속에 보임이라 하나님께서 이를 그들에게 보이셨느니라 창세로부터 그의 보이지 아니하는 것들 곧 그의 영원하신 능력과 신성이 그가 만드신 만물에 분명히 보여 알려졌나니 그러므로 그들이 핑계하지 못할지니라

ⓐ 하나님을 알 만한 것이 그들 속에 보인다는 것은 우리 안에 있는 양심을 통해 하나님을 알 수 있다는 의미다.

ⓑ 그 만드신 만물[피조물]을 통해서도 하나님을 알 수 있도록 하셨다.

창세기 1:1

태초에 하나님이 천지를 창조하시니라

ⓒ 하나님 말씀이 가르쳐 주신다.

요한복음 1:18

본래 하나님을 본 사람이 없으되 아버지 품 속에 있는 독생하신 하나님이 나타내셨느니라

ⓓ 독생하신 예수 그리스도를 통해 하나님을 알 수 있다.

STOP 짚어가기

결국 우리는 양심과 피조물, 그리고 예수님과 성경을 통해 하나님의 존재를 인식할 수 있다.

B. 인간의 죄

인간이 하나님의 사랑을 인식하지 못하고 하나님이 나를 향해 위대한 계획을 가지고 계심을 인정하지 않는 것은 하나님과 나 사이에 죄로 인한 장벽이 있기 때문이다.

1. 다음 성경 말씀을 읽고, 예수님을 알기 전에 인간이 처한 상태에 대해 밑줄을 긋고 이를 정리해 보십시오.

에베소서 2:1-3

그는 허물과 죄로 죽었던 너희를 살리셨도다 그 때에 너희는 그 가운데서 행하여 이 세상 풍조를 따르고 공중의 권세 잡은 자를 따랐으니 곧 지금 불순종의 아들들 가운데서 역사하는 영이라 전에는 우리도 다 그 가운데서 우리 육체의 욕심을 따라 지내며 육체와 마음의 원하는 것을 하여 다른 이들과 같이 본질상 진노의 자녀이었더니

ⓐ 허물과 죄로 죽었던 자들
ⓑ 이 세상 풍조를 따르고
ⓒ 공중의 권세 잡은 자를 따랐음
ⓓ 육체의 욕심을 따라 지내며
ⓔ 육체와 마음의 원하는 것을 함
ⓕ 다른 이들과 같이 본질상 진노의 자녀

로마서 1:21-23

하나님을 알되 하나님을 영화롭게도 아니하며 감사하지도 아니하고 오히려 그 생각이 허망하여지며 미련한 마음이 어두워졌나니 스스로 지혜 있다 하나 어리석게 되어 썩어지지 아니하는 하나님의 영광을 썩어질 사람과 새와 짐승과 기어다니는 동물 모양의 우상으로 바꾸었느니라

ⓖ 하나님을 알되 하나님을 영화롭게도 아니하며 감사하지도 아니함
ⓗ 생각이 허망하여지며 미련한 마음이 어두워짐
ⓘ 어리석게 되어 하나님의 영광을 썩어질 새와 짐승과 기어다니는 동물 모양의 우상으로 바꿈

STOP 짚어가기

본래 사람은 하나님과 사귀며 살도록 창조되었다. 그런데 사람이 자기 마음대로 살려고 했기 때문에 마침내 하나님과의 사귐은 끊어지고 말았다. 하나님 없이 제 마음대로 사는 사람은 적극적일 때는 하나님께 반항하게 되며, 소극적일 때는 하나님에 대하여 무관심하게 되는데 이것이 바로 성경이 말하는 죄의 증거다. 사영리(C.C.C.) p.4 인용

2. 인간이 죄를 지음으로 말미암아 초래된 결과는 무엇입니까? 해당되는 성경 말씀에 밑줄을 긋고 요약해 보십시오.

죄의 결과에 대해 확실히 하는 것도 좋지만 공포심 유발은 복음거부 반응을 초래할 수 있음

로마서 6:23

죄의 삯은 사망이요 하나님의 은사는 그리스도 예수 우리 주 안에 있는 영생이니라

ⓐ 사망

창세기 3:9-13

여호와 하나님이 아담을 부르시며 그에게 이르시되 네가 어디 있느냐 이르되 내가 동산에서 하나님의 소리를 듣고 내가 벗었으므로 두려워하여 숨었나이다 이르시되 누가 너의 벗었음을 네게 알렸느냐 내가 네게 먹지 말라 명한 그 나무 열매를 네가 먹었느냐 아담이 이르되 하나님이 주셔서 나와 함께 있게 하신 여자 그가 그 나무 열매를 내게 주므로 내가 먹었나이다 여호와 하나님이 여자에게 이르시되 네가 어찌하여 이렇게 하였느냐 여자가 이르되 뱀이 나를 꾀므로 내가 먹었나이다

ⓑ 두려워하여 숨음

창세기 3:16-17

또 여자에게 이르시되 내가 네게 임신하는 고통을 크게 더하리니 네가 수고하고 자식을 낳을 것이며 너는 남편을 원하고 남편은 너를 다스릴 것이니라 하시고 아담에게 이르시되 네가 네 아내의 말을 듣고 내가 네게 먹지 말라 한 나무의 열매를 먹었은즉 땅은 너로 말미암아 저주를 받고 너는 네 평생에 수고하여야 그 소산을 먹으리라

ⓒ 여자- 임신의 고통, 수고로 해산, 남편을 원하고, 남편의 다스림을 받을 것임 ⇨ '원하다'의 히브리어 페슈카는 (슈크) '욕망하다, 갈망하다, 애정으로 끌어당기다'에서 유래했으며, '갈망, 열망, 사모'를 의미한다. 남편을 지배하려고 끊임없이 노력하고 애쓴다는 의미다.

ⓓ 아담- 땅이 저주를 받음, 평생에 수고하여야 소산을 먹음

STOP 짚어가기

하나님은 거룩하시며 사람은 죄에 빠져 있다. 그리하여 둘 사이에는 커다란 간격이 생겼다. 사람들은 끊임없이 선행, 철학, 종교 등의 자기 힘으로 하나님께 도달하여 풍성한 삶을 누리려 애쓰고 있다. 사영리(C.C.C.) p.4 인용

C. 예수님의 십자가

예수 그리스도만이 사람의 죄를 해결할 수 있는 하나님의 유일한 길이다. 우리는 그를 통하여 하나님의 사랑과 계획을 알게 되며, 또한 그것을 체험하게 된다.

1. 죄로 말미암아 하나님으로부터 분리된 우리를 위하여 예수님께서 하신 일은 무엇입니까?

하나님께서는 우리를 위해 우리의 죄를 예수 그리스도에게 담당시키사 죄 문제를 해결해 주셨음. 또한 예수님께서는 부활하셔서 우리를 온전히 죄에서 자유케 하셨음

로마서 5:8

우리가 아직 죄인 되었을 때에 그리스도께서 우리를 위하여 죽으심으로 하나님께서 우리에 대한 자기의 사랑을 확증하셨느니라

이사야 53:6

우리는 다 양 같아서 그릇 행하여 각기 제 길로 갔거늘 여호와께서는 우리 모두의 죄악을 그에게 담당시키셨도다

고린도전서 15:3-6上

내가 받은 것을 먼저 너희에게 전하였노니 이는 성경대로 그리스도께서 우리 죄를 위하여 죽으시고 장사 지낸 바 되셨다가 성경대로 사흘 만에 다시 살아나사 게바에게 보이시고 후에 열두 제자에게와 그 후에 오백여 형제에게 일시에 보이셨나니

STOP 짚어가기

예수 그리스도만이 하나님께 이르는 유일한 길이다. 예수 그리스도께서 말씀하시기를 "내가 곧 길이요 진리요 생명이니 나로 말미암지 않고는 아버지께로 올 자가 없느니라"(요 14:6)고 하셨다.

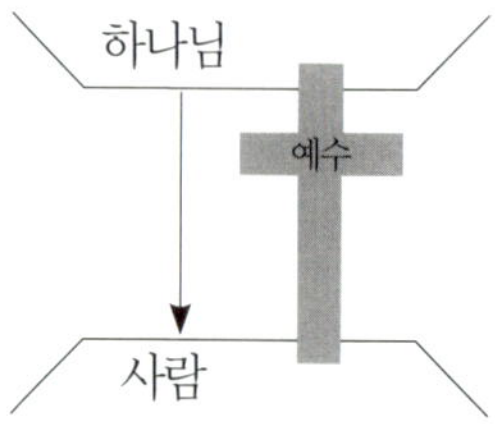

하나님은 그의 아들이신 예수 그리스도를 이 세상에 보내어 우리를 대신하여 십자가에 죽게 하심으로 우리의 죗값을 담당케 하시고 하나님과 우리 사이에 다리를 놓아 주셨다.
그러나 이상의 3가지 원리를 아는 것만으로는 충분하지 않다. 사영리(C.C.C.) p.7 인용

D. 믿음으로 영접

우리는 개인적으로 예수 그리스도를 '나의 구주, 나의 하나님'으로 영접해야 한다. 그러면 우리는 각 사람에 대한 하나님의 사랑과 계획을 알게 되며, 또 그것을 체험하게 된다.

1. 죄로 오염된 인간이 어떻게 구원을 받을 수 있습니까?
   1) 예수님을 나의 구주로 영접할 때 구원받을 수 있음
   2) 우리의 행위가 아닌 하나님이 선물로 주신 믿음으로 구원받을 수 있음

요한복음 1:12

영접하는 자 곧 그 이름을 믿는 자들에게는 하나님의 자녀가 되는 권세를 주셨으니

에베소서 2:8-9

너희는 그 은혜에 의하여 믿음으로 말미암아 구원을 받았으니 이것은 너희에게서 난 것이 아니요 하나님의 선물이라 행위에서 난 것이 아니니 이는 누구든지 자랑하지 못하게 함이라

사도행전 16:31
이르되 주 예수를 믿으라 그리하면 너와 네 집이 구원을 받으리라 하고

요한계시록 3:20
볼지어다 내가 문 밖에 서서 두드리노니 누구든지 내 음성을 듣고 문을 열면 내가 그에게로 들어가 그와 더불어 먹고 그는 나와 더불어 먹으리라

STOP 짚어가기

> 그리스도를 영접한다는 뜻은 내 중심에서 하나님 중심으로 바꾸는 것이다. 또한 내 안에 들어오셔서 내 죄를 용서하시고 그분이 원하시는 사람이 되도록 그리스도께 나를 맡기는 것이다. 예수님의 말씀에 지적으로 동의한다든가 감정적인 경험을 하는 것으로는 충분하지 않다. 우리는 의지의 행위인 믿음으로 예수님을 영접해야 한다.

예수님을 영접한다는 것은 내 인생의 주인을 예수님으로 모시는 것을 의미합니다.

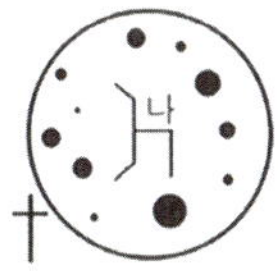

내가 나의 주인인 사람

나 – 내 인생의 왕좌에 나 자신이 앉아 있으며
✝ – 그리스도는 내 인생 밖에 계십니다.
● – 모든 일을 나 자신이 주관하므로 자주 좌절과 혼란에 빠집니다.

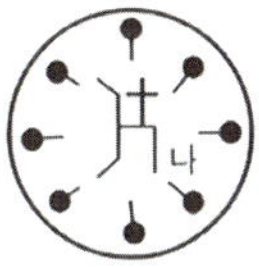

예수 그리스도가 나의 주인인 사람

✝ – 그리스도가 내 인생의 왕좌에 앉아 계시며
나 – 나는 내 인생의 왕좌에서 내려와 모든 것을 그리스도께 맡겼습니다.
● – 모든 일을 그리스도께서 주관하시므로 하나님의 계획과 일치된 생활을 하게 됩니다.

사영리(C.C.C.) p.9 인용

2. 예수님을 믿는 자에게 과거와 미래에 대해 무엇을 약속하셨습니까?

과거의 변화	내 인생의 보좌를 주께 내어 맡길 때 우리는 사망에서 생명으로 옮겨짐
미래의 상황	심판에 이르지 않음

요한복음 5:24
내가 진실로 진실로 너희에게 이르노니 내 말을 듣고 또 나 보내신 이를 믿는 자는 영생을 얻었고 심판에 이르지 아니하나니 사망에서 생명으로 옮겼느니라

3. 여러분은 예수님을 영접하셨습니까? 그렇다면 영접한 자로서 오늘 말씀에 근거한 신앙고백 기도문을 작성해 보십시오. 아니면 오늘 예수님을 영접하기 원하십니까? 그러면 다음의 기도문을 소리 내어 하나님께 고백해 보십시오.

> 창조주이신 하나님,
> 저는 지금까지 하나님을 잘 알지 못했습니다. 때로 죄의식도 느끼고 인생의 불안감에 휩싸이기도 했습니다. 이제 예수님께서 나를 대신해 십자가에서 죽으시고, 내 모든 죗값을 대신 치뤄 주셨으니 감사합니다. 예수님을 주님으로 모십니다. 내 인생의 주인이 돼 주시고 나를 다스려 주십시오. 예수님의 이름으로 기도합니다. 아멘.

STOP 짚어가기

그리스도가 여러분 안에 계심을 어떻게 알 수 있습니까?

그리스도를 여러분 안에 영접하셨습니까? 요한계시록 3:20의 약속에 의하면, 지금 그리스도는 여러분의 경우 어느 곳에 계십니까? 그리스도는 여러분 안에 들어오시겠다고 약속하셨습니다. 그가 거짓말을 하실까요? 그러면 무슨 근거로 하나님이 여러분의 기도를 들으셨다는 사실을 알 수 있습니까(하나님 당신과 그분의 말씀인 성경의 신실성, 즉 하나님은 당신의 약속을 반드시 지키십니다)?

- 성경은 예수 그리스도를 영접하는 모든 사람에게 영원한 생명을 약속하고 있습니다.

"또 증거는 이것이니 하나님이 우리에게 영생을 주신 것과 이 생명이 그의 아들 안에 있는 그것이니라 아들이 있는 자에게는 생명이 있고 하나님의 아들이 없는 자에게는 생명이 없느니라 내가 하나님의 아들의 이름을 믿는 너희에게 이것을 쓰는 것은 너희로 하여금 너희에게 영생이 있음을 알게 하려 함이라"(요일 5:11-13).

예수 그리스도께서 여러분 안에 들어오셔서 영원히 떠나지 아니하심을 항상 감사하십시오(히 13:5). 영접한 순간부터 살아 계신 그분은 여러분 안에 거하시며, 여러분은 영원한 생명을 얻었음을 명심하십시오.

- 감정에 의존하지 마십시오.

우리의 믿음은 하나님과 그의 말씀, 곧 성경에 근거하는 것이지 우리 자신의 느낌이나 감정에 근거하는 것이 아닙니다. 그리스도인은 하나님과 그의 말씀을 믿는 믿음으로 사는 것입니다. 특별한 느낌이 있을 수도 있지만 없을지라도 안심하십시오.

다음 기차 그림은 사실(하나님과 그분의 말씀)과 믿음(하나님과 그분의 말씀에 대한 우리의 신뢰)과 감정(믿음과 순종의 결과)과의 관계를 설명해 주고 있습니다(요 14:21).

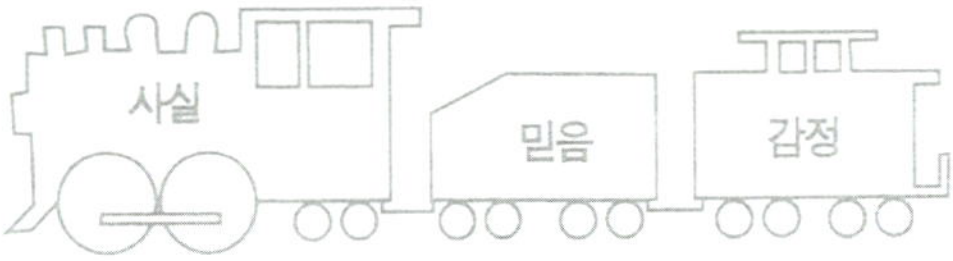

기관차는 객차가 있으나 없으나 달릴 수 있습니다. 그러나 객차로 기관차나 연료차를 끌려고 하는 것은 어리석은 일입니다. 마찬가지로 그리스도인도 느낌이나 감정에 의존하는 것이 아니라, 하나님과 그의 말씀의 신실성에 믿음의 근거를 두는 것입니다.

이제 여러분은 예수 그리스도를 영접했습니다.

여러분이 의지의 행위인 믿음으로 그리스도를 영접한 결과, 다음 몇 가지를 비롯하여 많은 일이 일어났습니다.

1. 예수 그리스도께서 여러분 안에 들어와 계십니다(계 3:20; 골 1:27).
2. 여러분의 모든 죄는 사함을 받았습니다(골 1:14).
3. 여러분은 하나님의 자녀가 됐습니다(요 1:12).
4. 여러분은 영원한 생명을 얻었습니다(요 5:24).
5. 하나님께서 예비하신 풍성한 새 삶이 시작됐습니다(요 10:10; 고후 5:17).

여러분의 생애에서 예수 그리스도를 영접한 것보다 더 놀라운 일이 있을까요? 바로 지금 하나님께서 여러분을 위해 행하신 일에 대해 감사하는 기도를 드리시겠습니까? 감사는 믿음의 표현입니다(살전 5:18).

풍성한 새 삶을 누리기 위해서는 이제 어떻게 해야 합니까?

• 그리스도인의 성장을 위한 권면을 확인합니다.

그리스도인은 예수그리스도를 신뢰함으로 영적 성장을 하게 됩니다. 성경은 "의인은 믿음으로 살리라"고 말씀합니다(갈 3:11). 믿음으로 사는 생활이란 생활의 지극히 작은 일까지도 하나님께 맡기고 다음의 일들을 기쁨으로 실천하게 되는 것을 말합니다.

1. 날마다 하나님께 기도하십시오(요 15:7).
2. 하나님의 말씀인 성경을 날마다 읽으십시오(행 17:11). 요한복음부터 읽으십시오.
3. 하나님께 항상 순종하십시오(요 14:21).
4. 말과 행동으로 그리스도를 증거하십시오(마 4:19; 요 15:8).
5. 지극히 작은 일까지도 하나님께 맡기십시오(벧전 5:7).
6. 성령께서 여러분의 일상생활을 주관하시게 하고 능력을 받아 그리스도의 증인이 되십시오(갈 5:16-17; 행 1:8).

• 교회를 잘 선택하여 출석하는 일은 매우 중요합니다.

히브리서 10:25에 보면, 모이는 일을 게을리하지 말라고 권면하고 있습니다. 아궁이에 여러 개의 나무 토막을 넣으면 불이 잘 타지만 하나씩 따로 떼어 놓으면 불은 곧 꺼지고 맙니다. 여러분과 다른 그리스도인과의 관계도 이와 마찬가지입니다. 예수 그리스도를 더 잘 배우고, 그분이 원하시는 삶을 살며, 다른 그리스도인과의 교제를 갖기 위해서는 반드시 교회생활을 해야 합니다. 지금 속한 교회에서 충실하게 출석하시기 바랍니다.

사영리(C.C.C.) pp.11-15 인용

오늘 성경공부를 통해 느낀 점을 신앙고백 기도문으로 작성해 보십시오.

❖ 나의 신앙고백

• 금주 과제 •

1. 『Q.T 첫 걸음』(프리셉트)이나 『묵상하는 사람들』 등으로 매일 Q.T하기.
   (1주일에 5일 이상 Q.T하고 1일은 Q.T 묵상의 글쓰기)

2. 오늘 공부한 복음의 4대 원리를 복습하기.
   (본과에서 표현하고 있는 A, B, C, D 항목)

3. 『효과적인 경건의 시간』(케이 아더 지음, 프리셉트) 일독하기.

4. 성구암송
   "영접하는 자 곧 그 이름을 믿는 자들에게는 하나님의 자녀가 되는 권세를 주셨으니"(요 1:12)

주1) 하나님의 존재에 대한 반론

21세기를 사는 우리는 가히 [과학 만능시대]를 살고 있다 해도 과언이 아닙니다. [인간 로보트]가 인간 지능을 향해 도전하고 있으며, [달나라 우주여행시대]가 성큼 다가오고 있습니다. 이런 첨단과학 문명시대에 하나님의 존재를 믿는 것은 왠지 시대에 뒤떨어진 듯하고 비과학적인 듯 여겨지기 쉽습니다. 정말 그럴까요? 만약 창조주 하나님이 존재하지 않으시다면, 이 우주의 기원과 생명의 근원을 어떻게 설명할 수 있을까요?

• 첫째: 순환론

'순환론'이란 우주는 시작도 끝도 없이 처음부터 저절로 존재하게 됐다고 보며 끝없이 순환한다고 보는 입장입니다. 불교의 윤회설도 일종의 순환론입니다.
하지만 순환론은 과학의 원리에 어긋납니다. 우주에는 열역학 제2의 법칙(일명 엔트로피의 법칙)이 존재합니다. 이 법칙에 의하면 에너지와 물질은 한 방향으로만 바뀝니다. 즉, 질서 있고 가치 있는 형태에서 무질서하고 무가치한 형태로 바뀌어 가는 것입니다. 이 법칙에 의하면 우주는 서서히 팽창되며 분리돼 갑니다. 마치 최초로 감았던 태엽이 풀리듯이 우주도 풀려 나가는 것입니다. 우주가 단순히 순환한다는 사고는 이러한 법칙에 어긋나는 것입니다.
최초의 우주 출발점을 창세기 1:1에서는 이렇게 표현합니다.
"태초에 하나님이 천지를 창조하시니라"

• 둘째: 우연론

'우연론'은 우주와 생명체가 지극히 우연히 생성됐다고 보는 입장입니다. 지구와 태양과의 거리를 1/10만 당겨도 지구는 불덩어리가 되고 1/10만 물려도 얼음덩어리가 되는데, 지극히 우연히 생물이 생존 가능한 구획으로 형성됐다고 보는 것입니다. 달과 지구의 거리가 1/10만 좁혀져도 인천 부두의 밀물이 서울까지 밀려들 텐데, 지극히 우연히 지금 거리에 맞춰졌다고 보는 것입니다. 인체 내에 퍼져 있는 혈관을 한 줄로 연결하면 지구의 세 바퀴 반을 도는 거리가 되는데, 이도 우연히 이렇게 진화된 것으로 봅니다. 우주나 생명체가 진실로 우연히 이렇게 조화 있게 만들어질 확률은 0%입니다.

• 셋째: 돌연변이론

'돌연변이론'은 인간 생명의 돌연변이 현상을 보면서, 아메바가 다세포 동물로, 다세포 동물이 무척추 동물로, 무척추 동물이 척추동물로, 척추동물이 인간으로 돌연변이 현상을 통해 진화했다고 보는 입장입니다.
그런데 실제 현상은 돌연변이의 99.9%가 열등 돌연변이입니다. 그리고 일련의 진화 과정을 단계별로 보여 주는 현존생물이나 화석 또한 전무합니다. 또한 유전공학의 발전으로 각각의 동물 안에 내재된 DNA는 확정된 DNA로서 후대에 이르러서 변화가 일어나지 않는다는 사실이 밝혀졌습니다. 더구나 아메바가 인류의 기원이라면 과연 인간의 존재 의미는 어디에 있을까요?

–새가족 성경공부Ⅱ, 1과에서 인용

복음에 감격하는

새가족 성경공부 인도자용

2과

새·가·족·성·경·공·부

변화된 신분

*** 누가복음 15:24**

"이 내 아들은 죽었다가 다시 살아났으며 내가 잃었다가 다시 얻었노라 하니 그들이 즐거워하더라"

마음 문을 열면서

10분 이내로 자유롭게 발표할 수 있도록 인도한다.

1. 여러분의 삶에서 신분 상승을 느낄 만한 가장 큰 사건이 있었다면 무엇입니까?

STOP 짚어가기

> 대부분 구원의 사건을 이야기하겠지만 새신자는 예수님과 관계없는 대답을 할 수도 있다.

2. 예수님을 믿고 누리는 특권을 5가지 이상 기록해 보십시오.

STOP 짚어가기

> 아무리 사소해 보이는 이야기라도 경청하고 감격했음을 꼭 표현해 주자. 그들은 이 감격 때문에 교회 출석을 하고 있는 것인지도 모른다.

예) – 하나님과 교제하는 삶을 살게 된 것
– 하나님을 알게 되는 특권을 누리게 된 것
– 하나님의 사유하심을 얻는 특권을 얻게 된 것

– 하나님의 무한한 은혜로 하늘의 모든 신령한 복을 누리게 된 것
– 예수 그리스도 안에 있는 자가 누리는 그 능력의 풍성함을 알게 된 것
– 자족의 은혜를 누리게 된 것
– 빈부에 대한 갈망이나 욕구로부터 자유를 누리게 된 것
– 세상에 살지만 세상에 속하지 않고 하나님 나라 백성으로 살게 된 것
– 예수님께서 주신 진정한 평강을 누리게 된 것
– 사람을 진심으로 사랑하는 법을 배우게 된 것
– 사람들의 죄에 대하여 용서하는 법을 배우게 된 것
– 상황과 상관없이 말씀에 비추어 하나님께 순종하는 법을 배우게 된 것

3. a. 기신자를 위한 질문

구약 성경에 나타난 왕들 중 왕의 수준과 권세를 유지하려다가 신분을 상실했던 왕과, 삶의 수준은 문제가 많았으나 왕의 신분을 유지했을 뿐만 아니라 하나님의 자녀로서의 신분으로 당당히 살아갔던 자 한 명을 추천해 보십시오.

예) – 사울: 사람들이 보기에 준수한 자였으나, 자신의 명예와 권세를 지키기에 급급했음

– 다윗: 사람들이 보기에는 외소하고 작은 자였다. 한때 간음과 살인을 해서 하나님 앞에 득죄했으나, 회개하고 하나님 뜻에 합한 자로 살아 영원한 지위를 보장 받았음

b. 초신자를 위한 질문

조선 시대에 존재했던 신분의 종류를 설명해 보십시오.

양반, 중인, 상인, 천민 등

STOP 짚어가기

아래 박스의 글을 함께 읽고, 우리는 천국 백성으로서 당당하게 살아가야 함을 설명해 준다.

천국은 내가 살아온 고상한 수준이나 쌓아 온 업적에 근거해서 가는 나라가 아닙니다. 비록 내가 교양이 부족하더라도, 내가 중산층에 속할 만큼 재산을 모으지 못했더라도, 내가 인생의 밑바닥에서 헤매고 있더라도, 나는 십자가의 은혜로 하나님의 자녀의 신분을 얻었고 자녀로서의 특권을 누리게 됩니다. 여러분은 하나님의 자녀로서의 신분에 맞게 당당히 살고 있습니까, 아니면 수준 유지에 급급한 삶을 살고 있습니까?

A. 탕자의 귀환

1. 다음 성경 말씀을 읽고, 둘째 아들을 향한 아버지의 태도에 밑줄을 그어 보십시오.

【누가복음 15:11-24】

11 또 이르시되 어떤 사람에게 두 아들이 있는데
12 그 둘째가 아버지에게 말하되 아버지여 재산 중에서 내게 돌아올 분깃을 내게 주소서 하는지라 아버지가 그 살림을 각각 나눠 주었더니

13 그 후 며칠이 안 되어 둘째 아들이 재물을 다 모아 가지고 먼 나라에 가 거기서
허랑방탕하여 그 재산을 낭비하더니
14 다 없앤 후 그 나라에 크게 흉년이 들어 그가 비로소 궁핍한지라
15 가서 그 나라 백성 중 한 사람에게 붙여 사니 그가 그를 들로 보내어 돼지를 치
게 하였는데
16 그가 돼지 먹는 쥐엄 열매로 배를 채우고자 하되 주는 자가 없는지라
17 이에 스스로 돌이켜 이르되 내 아버지에게는 양식이 풍족한 품꾼이 얼마나 많
은가 나는 여기서 주려 죽는구나
18 내가 일어나 아버지께 가서 이르기를 아버지 내가 하늘과 아버지께 죄를 지었
사오니
19 지금부터는 아버지의 아들이라 일컬음을 감당하지 못하겠나이다 나를 품꾼의
하나로 보소서 하리라 하고
20 이에 일어나서 아버지께로 돌아가니라 아직도 거리가 먼데 아버지가 그를 보
고 측은히 여겨 달려가 목을 안고 입을 맞추니
21 아들이 이르되 아버지 내가 하늘과 아버지께 죄를 지었사오니 지금부터는 아
버지의 아들이라 일컬음을 감당하지 못하겠나이다 하나
22 아버지는 종들에게 이르되 제일 좋은 옷을 내어다가 입히고 손에 가락지를 끼
우고 발에 신을 신기라
23 그리고 살진 송아지를 끌어다가 잡으라 우리가 먹고 즐기자
24 이 내 아들은 죽었다가 다시 살아났으며 내가 잃었다가 다시 얻었노라 하니 그
들이 즐거워하더라

2. 둘째 아들의 잘못된 행실을 열거해 보십시오(12-13절).

1) 부친의 생존 시에 상속 분깃을 요구(12절)

2) 허랑방탕한 죄(13절)

3) 먼 나라로 간 것(13절)

3. 둘째 아들이 아버지의 집으로 돌아오고자 했던 동기는 무엇이었습니까(17-19절)?

1) 아버지의 집에 양식이 풍족함으로(17절)
2) 죄를 지은 까닭에, 아들의 신분으로 돌아온 것이 아니라 일꾼의 한 사람으로 돌아옴(18-19절)

4. 아버지는 돌아온 탕자를 어떻게 맞이했습니까(20-24절)?

1) 거리가 먼데 탕자를 보고 측은히 여겨 달려가 목을 안고 입맞춤(20절)
2) 제일 좋은 옷을 입히고, 손에 가락지를 끼우고, 발에 신을 신김(22절)
3) 살진 송아지를 잡아 잔치를 열라 함(23절)
4) 내 아들이 죽었다가 다시 살아났으며 잃었다가 다시 얻었다 함(24절)

5. 돌아온 탕자를 맞이하는 장면을 연극 또는 모노드라마로 재연해 보십시오.

STOP 짚어가기

실제로 재연해 보는 것은 아주 중요하다. 기신자들이나 초신자들 모두 하나님이 자신을 어떻게 받아 주고 계신가를 정확히 이해하게 된다.

6. 만약 아버지가 둘째 아들이 살아온 삶의 수준에 맞게 대우하고자 했다면 어떻게 했겠습니까?

STOP 짚어가기

모두에게 질문하는 것으로 마무리한다. 모든 대답에 칭찬을 섞어 수긍해 주는 것이 좋다. 여기서는 하나님의 용서에 대한 이해를 끌어내는 것이 목적이다.

예) – 혼쭐을 내고 몽둥이로 쳐서 정신을 차리게 할 것임(죄에 대하여 단호한 것도 좋습니다.)
– 돈을 어디다 허비했는가 자세히 묻겠음(잘못된 것을 찾아서 지적해 주고 다시는 그러지 못하게 하려는 의도에서 이 방법도 참 좋습니다.)
– 용서는 못 하겠지만 말없이 받아 주겠음(솔직한 대답이 참 좋습니다.)

7. 돌아온 탕자가 아버지 앞에서 취할 수 있는 자세를, 환영받는 아들의 입장과 과거의 실수에 두려워 떠는 종의 입장에서 작성해 보십시오.

STOP 짚어가기

용서받은 자의 태도에 따라 하나님과의 관계가 형성된다는 것을 알게 하는 것이 목적이다.

환영받는 아들	과거의 실수에 두려워 떠는 종
예) 당당하게 아버지의 사랑을 받아들임	아버지의 용서를 믿지 못하고 두려워 함
- 아버지의 사랑을 받아들임 - 그 사랑에 감격하며 순종하는 마음으로 존경을 표함 - 아들의 자격을 다시 얻었으므로 당당함	- 물질 문제로 끝맺음 - 아버지를 향해 반발심을 일으킴 - 부자관계를 상실함

8. 하나님은 회개하고 돌아온 여러분을 어떻게 받아 주시리라고 생각합니까?

B. 하나님의 평가 기준

1. 다음 성경 말씀을 읽고, 마태와 관련된 말씀에는 직선______을, 예수님과 관련된 말씀에는 곡선~~~~을 표시해 보십시오.

【마태복음 9:9-12】

9 예수께서 그 곳을 떠나 지나가시다가 마태라 하는 사람이 세관에 앉아 있는 것
을 보시고 이르시되 나를 따르라 하시니 일어나 따르니라
10 예수께서 마태의 집에서 앉아 음식을 잡수실 때에 많은 세리와 죄인들이 와서
예수와 그의 제자들과 함께 앉았더니

11 바리새인들이 보고 그의 제자들에게 이르되 어찌하여 너희 선생은 세리와 죄인들과 함께 잡수시느냐
12 예수께서 들으시고 이르시되 건강한 자에게는 의사가 쓸 데 없고 병든 자에게라야 쓸 데 있느니라

2. 마태는 예수님을 통해 변화되고 신약 성경을 기록한 사도였습니다. 본래 그는 예수를 믿기 전에 어떤 신분의 사람이었습니까(9절)?

세리

STOP 짚어가기

초신자라면 당시 세리에 대한 평가를 설명해 주는 것이 좋다. 당시 세리는 부는 누릴 수 있었지만 동족을 착취하는 민족의 배신자로 취급됐다.

3. 예수님께서 세리와 죄인들과 함께 음식을 드시는 것에 대해 바리새인들은 어떻게 평가했습니까(10-11절)?

예수님을 세리와 죄인들과 동류로 취급하고자 했음

4. 예수님은 자신의 행동에 대해 어떻게 설명하셨습니까? 예수님은 세리와 죄인들을 그들의 신분에 따라 평가하고 행동하셨습니까(12절)?

1) 건강한 자에게는 의사가 쓸 데 없고 병든 자에게라야 쓸 데 있는 것이라고 대답하심
2) 세리와 죄인을 신분이 아닌 구원의 대상으로 보심

5. 당시 세상 사람들은 세례 요한에 대해 그리고 예수님에 대해 어떻게 평가했습니까(마 11:18-19)?

1) 요한은 먹지도 않고 마시지도 않으므로 귀신이 들렸다 함
2) 예수님은 먹기를 탐하는 자라 함

마태복음 11:18-19
요한이 와서 먹지도 않고 마시지도 아니하매 그들이 말하기를 귀신이 들렸다 하더니 인자는 와서 먹고 마시매 말하기를 보라 먹기를 탐하고 포도주를 즐기는 사람이요 세리와 죄인의 친구로다 하니 지혜는 그 행한 일로 인하여 옳다 함을 얻느니라

6. 예수님에 대한 다양한 평가에도 불구하고 하나님은 예수님을 어떻게 평가하셨습니까(막 9:7-9)?

"이는 내 사랑하는 아들이니 너희는 그의 말을 들으라"

마가복음 9:7–9

마침 구름이 와서 그들을 덮으며 구름 속에서 소리가 나되 이는 내 사랑하는 아들이니 너희는 그의 말을 들으라 하는지라 문득 둘러보니 아무도 보이지 아니하고 오직 예수와 자기들뿐이었더라 그들이 산에서 내려올 때에 예수께서 경고하시되 인자가 죽은 자 가운데서 살아날 때까지는 본 것을 아무에게도 이르지 말라 하시니

7. 하나님은 예수 믿는 여러분을 어떻게 보실까요(습 3:17)?

기뻐하시며, 잠잠히 사랑하심

스바냐 3:17

너의 하나님 여호와가 너의 가운데에 계시니 그는 구원을 베푸실 전능자이시라 그가 너로 말미암아 기쁨을 이기지 못하시며 너를 잠잠히 사랑하시며 너로 말미암아 즐거이 부르며 기뻐하시리라 하리라

STOP 짚어가기

예수님을 믿는 자긍심을 갖게 한다.

8. 천국 황태자로서의 신분에 근거한 신앙생활과 자신의 수준에 근거한 신앙생활에는 어떤 차이가 있는지 설명해 보십시오.

신분에 근거한 신앙생활	수준에 근거한 신앙생활
예) 하나님의 풍성한 은혜에 의지하는 삶	자신의 힘을 의지하다가 지치고 평안을 잃어버린 삶
- 기도의 능력을 덧입는 삶 - 성령의 임재 능력을 덧입는 삶 - 하나님의 말씀이 살아 움직이는 삶 - 기도로 감사하는 삶 - 말씀과 기도가 뒷받침 되는 삶 - 평강이 넘치고 생수가 넘치는 삶	- 늘 시험에 드는 삶 - 어떤 일이든 괴로운 삶 - 늘 불안한 삶 - 실수를 반복하는 삶 - 내 노력의 한계성을 느끼는 삶 - 영적 침체가 자주 오고 오래가는 삶

STOP 짚어가기

확실한 신분 있는 자의 삶을 지향하도록 인도한다.

9. a. 기신자를 위한 질문

지금까지 신앙생활을 하면서 천국 황태자 신분에 걸맞게 당당하고 자신감 있는 삶을 살았던 적이 있습니까? 여러분이 여전히 죄에 오염된 모습(술, 담배, 게으름, 적당히 둘러대는 습관 등)을 가지고 있음에도 불구하고 황태자로서의 신분을 유지할 수 있을까요? 그렇다면, 그 이유는 무엇입니까?

STOP 짚어가기

하나님의 사유하심으로 인해 여전히 하나님의 자녀임을 확신하게 하라. 우리가 얻은 구원은 우리의 죄로 인하여 끊어져 버리는 하찮은 것이 아님을 인지시키고, 여전히 죄의 습관이 있다 할지라도 이 사소한 죄의 습관이 황태자의 신분을 결단코 위협할수 없음을 확고히 상기시키라. 단, 황태자의 신분은 유지되지만 신분에 합당한 삶을 영위하기 위해서 죄에서 온전히 돌이키는 신앙 성숙의 필요성을 인지시키는 것이 중요하다. 그러나 후반부(신앙 성숙)의 문제는 여기서 다루려는 내용은 아니다.

b. 초신자를 위한 질문

여러분은 천국의 황태자로서 어떤 모습으로 세상을 살고 있습니까?

STOP 짚어가기

신앙고백을 한 사람이라면 이제부터는 하나님의 자녀이므로 당당하게 살아야 함을 인식시키라. 우리는 하나님의 자녀이며, 이제 신앙적으로 성숙해져야 할 책임이 있음을 이해하는 것이 중요하다.

한 가정에 자녀가 태어나면 자녀로서의 신분에 따라 무조건적인 사랑과 보호를 받고 자라게 됩니다. 먹고, 입고, 울 수 있는 자유를 만끽합니다. 무엇하나 미안하거나 어려울 것 없이 '아들의 자격'으로 풍성히 누리는 것입니다. 그러나 장성하여 출가하면 가정을 이룬 성인으로서 책임 있는 삶을 요청받게 됩니다. 하나님의 자녀들도 구원받은 이후 일정 기간 동안 하나님의 자녀로서의 축복된 신분을 충만히 누릴 필요가 있습니다. 여러분은 예수님을 믿고 자녀의 특권을 충만히 누렸습니까? 혹시 율법의 요구에 찌든 신앙생활을 해 오지는 않았습니까?

• 금주 과제 •

1. 찬송가 260장(통 194장) 「우리를 죄에서 구하시려」 또는 복음송 「너의 하나님 여호와가」를 2번 이상 불러 보기.
2. 『Q.T 첫 걸음』(프리셉트)이나 『묵상하는 사람들』 등으로 매일 Q.T하기. (1주일에 5일 이상 Q.T하고 1일은 Q.T 묵상의 글쓰기)
3. 『하나님의 주권』(케이 아더 지음, 프리셉트) 일독하기.
4. 성구암송
   "이 내 아들은 죽었다가 다시 살아났으며 내가 잃었다가 다시 얻었노라 하니 그들이 즐거워하더라"(눅 15:24)

MEMO.

복음에 감격하는
새가족 성경공부 인도자용

3과

새·가·족·성·경·공·부

중생과 성령

*** 요한복음 3:16**

"하나님이 세상을 이처럼 사랑하사 독생자를 주셨으니 이는 그를 믿는 자마다 멸망하지 않고 영생을 얻게 하려 하심이라"

마음 문을 열면서

10분 이내로 자유롭게 발표할 수 있도록 인도한다.

1. 여러분이 가장 존경하는 인물은 누구입니까?

STOP 짚어가기

없다는 사람도 있을 수 있다. 간단하게 지나가도록 한다.

2. 그 인물의 어떤 점을 소중하게 여기고 있습니까?

STOP 짚어가기

존경하는 인물이 있다는 전제로 물을 때 그 사람의 관심사를 알 수 있다.

3. 여러분은 개인적인 고민이 있을 때 누구와 그 문제를 상의합니까?

STOP 짚어가기

다음 박스의 니고데모 예를 통해 예수님과의 만남의 중요성을 제시하라. 단, 다음 공부의 의도를 너무 드러내지 않도록 주의하라.

우리나라 사람들은 역사적으로 지식을 숭상했기에, 평생 책을 가까이하고 학문에 정진한 인물들을 존경했습니다. 사물의 본질을 깊이 깨우치고 아는 것은 자랑할 만한 일입니다. 하지만 앎과 학문적 지식이 인간에게 구원을 주는 것은 아닙니다. 오히려 아는 영역이 깊어질수록 모르는 영역이 얼마나 많은지 깨닫게 됩니다. 다음 본문에서는 이스라엘의 석학(碩學) 니고데모가 인생의 많은 고뇌를 알고 밤에 남몰래 예수님을 만나는 사건이 등장합니다. 니고데모는 이 만남을 통해 중생하고 새로 태어났습니다.

A. 예수님을 찾아 나선 니고데모

1. 다음 성경 말씀을 읽고, 예수님의 말씀에는 직선______을, 니고데모의 말에는 곡선~~~~~을 표시해 보십시오.

【요한복음 3:1-16】

1 그런데 바리새인 중에 니고데모라 하는 사람이 있으니 유대인의 지도자라
2 그가 밤에 예수께 와서 이르되 랍비여 우리가 당신은 하나님께로부터 오신 선

생인 줄 아나이다 하나님이 함께 하시지 아니하시면 당신이 행하시는 이 표적
을 아무도 할 수 없음이니이다
3 예수께서 대답하여 이르시되 진실로 진실로 네게 이르노니 사람이 거듭나지 아
니하면 하나님의 나라를 볼 수 없느니라
4 니고데모가 이르되 사람이 늙으면 어떻게 날 수 있사옵나이까 두 번째 모태에
들어갔다가 날 수 있사옵나이까
5 예수께서 대답하시되 진실로 진실로 네게 이르노니 사람이 물과 성령으로 나지
아니하면 하나님의 나라에 들어갈 수 없느니라
6 육으로 난 것은 육이요 영으로 난 것은 영이니
7 내가 네게 거듭나야 하겠다 하는 말을 놀랍게 여기지 말라
8 바람이 임의로 불매 네가 그 소리는 들어도 어디서 와서 어디로 가는지 알지 못
하나니 성령으로 난 사람도 다 그러하니라
9 니고데모가 대답하여 이르되 어찌 그러한 일이 있을 수 있나이까
10 예수께서 그에게 대답하여 이르시되 너는 이스라엘의 선생으로서 이러한 것들
을 알지 못하느냐
11 진실로 진실로 네게 이르노니 우리는 아는 것을 말하고 본 것을 증언하노라 그
러나 너희가 우리의 증언을 받지 아니하는도다
12 내가 땅의 일을 말하여도 너희가 믿지 아니하거든 하물며 하늘의 일을 말하면
어떻게 믿겠느냐
13 하늘에서 내려온 자 곧 인자 외에는 하늘에 올라간 자가 없느니라
14 모세가 광야에서 뱀을 든 것 같이 인자도 들려야 하리니
15 이는 그를 믿는 자마다 영생을 얻게 하려 하심이니라
16 하나님이 세상을 이처럼 사랑하사 독생자를 주셨으니 이는 그를 믿는 자마다
멸망하지 않고 영생을 얻게 하려 하심이라

2. 니고데모는 어떤 일을 하는 사람입니까(1, 10절)?

1) 유대인의 지도자(관원)(1절)
2) 이스라엘의 선생(10절)

요한복음 19:39

일찍이 예수께 밤에 찾아왔던 니고데모도 몰약과 침향 섞은 것을 백 리트라쯤 가지고 온지라

a. 바리새인

당시 이스라엘의 종교적 · 정치적 영역에서 지도자 역할을 했던 자들로서 구약의 율법에 정통했다.

b. 지도자(관원)

70인 공의회의 의원을 지칭하며, 공의회인 산헤드린(sanhedrin)은 유대 최고 통치기구였다. 그 직무 성격상 헌법재판소 재판관 겸 국회의원이라고 할 수 있다.

3. 니고데모는 명망 있는 학자요, 지도자로서 사람들을 피해 밤에 예수님을 찾아왔습니다. 니고데모는 예수님을 어떤 분으로 평가하고 있습니까(2절)?

하나님께로부터 오신 선생

4. 예수님은 니고데모의 인생 문제를 무엇으로 보셨습니까(3절)?

1) 거듭나야 한다고 말씀하심
2) 거듭나지 않으면 하나님의 나라를 볼 수 없음

5. 예수님은 아무리 명예와 권세, 학식과 재력을 소유했더라도 거듭나지 아니하면 하나님의 나라를 볼 수 없다고 말씀하셨습니다. 거듭난다는 것은 무엇을 의미합니까(5절)?

사람이 물과 성령으로 나지 아니하면 하나님의 나라에 들어갈 수 없다고 하심

STOP 짚어가기

거듭남이란 하나님을 반대하려는 본성에서 떠나, 자신이 악한 죄인임을 인정하는 것이다. 그리고 성령의 믿게 하심을 따라 그리스도의 구원의 은혜를 믿고, 죄에서 자유를 얻고, 영생을 소유한 자가 되는 것이다. 또한 성령의 내주를 통해 그 뜻대로 행하는 삶을 기뻐하고 즐거워하는 사람으로 변화되는 것을 말한다.

6. 니고데모는 어떻게 해야 거듭날 수 있을까요(5-8절)?

성령으로 거듭나야 함

물과 성령으로 거듭남

예수님께서 오시기 전에 예수님의 전령사였던 세례 요한은 백성들에게 죄를 회개할 것을 촉구한 후, 회개한 자들에게 물로 세례를 베풀었습니다. 우리가 예수님의 십자가 앞에 나아가 죄를 회개할 때 성령께서 우리 죄를 깨끗이 씻어 주십니다. 따라서 물과 성령으로 거듭난다는 것은 물로 더러운 때를 깨끗이 씻어 내는 것처럼 내면의 죄를 씻고 성령으로 사함받은 것을 의미합니다.

7. 예수님은 영적으로 캄캄한 니고데모를 거듭나게 하기 위해 어떻게 설득하셨습니까(10-16절)?

1) 예수님 증거의 명확성(10-13절)

① 우리가 아는 것을 전함

② 알고 본 것과 만지는 것으로 말하심

③ 땅의 것을 말하심

2) 거듭남의 경로(14-15절)

모세가 광야에서 뱀을 들어 백성들이 죽음의 심판에서 벗어난 것처럼, 예수님도 십자가에 달리셔야 하고 그를 믿는 자마다 영생을 얻게 됨

3) 니고데모의 거듭남을 위해 하나님께서 준비하신 일(16절上)

독생자를 주심

4) 거듭나기 위해 내가 해야 할 일(16절下)

예수님을 믿어야 함

8. 거듭날 때 우리에게 어떤 변화가 나타납니까(15-16절)?

영생을 소유하게 됨

9. 니고데모는 이 말씀을 듣고 어떻게 변화됐습니까(요 19:38-39)?

1) 거듭났음

2) 그는 예수님께서 살아 계실 때에는 기름부음 받을 기회를 놓쳤다. 하지만 예수님이 죽으신 후 목숨을 걸고 아리마대 사람 요셉과 함께 예수님의 시신을 가져와서 몰약과 침향으로 이루어진 향료를 시신에 바르고 장례함으로 믿음의 향기가 그에게서 발하도록 하였음

요한복음 19:38-39

아리마대 사람 요셉은 예수의 제자이나 유대인이 두려워 그것을 숨기더니 이 일 후에 빌라도에게 예수의 시체를 가져가기를 구하매 빌라도가 허락하는지라 이에 가서 예수의 시체를 가져가니라 일찍이 예수께 밤에 찾아왔던 니고데모도 몰약과 침향 섞은 것을 백 리트라쯤 가지고 온지라

B. 예수님의 십자가

1. 다음은 예수님께서 오시기 700년 전에 예수님에 대해 예언한 말씀입니다. 읽으면서 예수님의 고난을 묘사하는 구절에 밑줄을 그어 보십시오.

【이사야 53:4-6】

4 그는 실로 우리의 질고를 지고 우리의 슬픔을 당하였거늘 우리는 생각하기를
그는 징벌을 받아 하나님께 맞으며 고난을 당한다 하였노라
5 그가 찔림은 우리의 허물 때문이요 그가 상함은 우리의 죄악 때문이라 그가 징
계를 받으므로 우리는 평화를 누리고 그가 채찍에 맞으므로 우리는 나음을 받
았도다
6 우리는 다 양 같아서 그릇 행하여 각기 제 길로 갔거늘 여호와께서는 우리 모두
의 죄악을 그에게 담당시키셨도다

2. 예수님의 수제자였던 베드로는 예수님의 죽으심에 대해 그 의미를 어떻게 설명합니까(벧전 2:24)?

1) 예수님의 몸으로 우리 죄를 담당하심
2) 우리로 죄에 대하여 죽고 의에 대하여 살게 하려 하심
3) 예수님이 채찍에 맞음으로 나음을 얻음

베드로전서 2:24

친히 나무에 달려 그 몸으로 우리 죄를 담당하셨으니 이는 우리로 죄에 대하여 죽고 의에 대하여 살게 하려 하심이라 그가 채찍에 맞음으로 너희는 나음을 얻었나니

3. 예수님은 살아 계실 때 당신의 죽음에 대해 어떻게 말씀하십니까(마 16:21)?

많은 고난을 받고 죽임을 당한 뒤 삼일 만에 살아나실 것을 말씀하심

마태복음 16:21
이 때로부터 예수 그리스도께서 자기가 예루살렘에 올라가 장로들과 대제사장들과 서기관들에게 많은 고난을 받고 죽임을 당하고 제삼일에 살아나야 할 것을 제자들에게 비로소 나타내시니

4. 예수님께서 여러분의 죄를 사하시기 위해 십자가에서 죽으셨음을 믿습니까?

STOP 짚어가기

거듭남을 중심으로 신앙고백을 하도록 인도해야 한다. 고백, 회개, 죄 청산을 할 수 있도록 돕는다. 말하기 싫어하는 사람에게는 기도문을 작성하게 한다.

여러분은 거듭나셨습니까? 만약 '예'라고 답변할 수 없다면 거듭나기 위해 여러분이 해야 할 일을 지금 이 시간 할 수 있기를 바랍니다. 여러분이 할 일을 다음 기도문에 간단히 표현하되 성령의 도우심을 간구하십시오. 거듭나셨다면 다음 기도문에 감사의 기도문을 작성해 보십시오.

❖ 기도문

예시)

하나님께서는 죄로 인해 죽을 수밖에 없던 저를 긍휼히 여기사 예수님을 보내시어 십자가에 죽게 하심으로 저를 구원해 주셨습니다.

예수님께서 저를 위해 십자가의 모진 고난을 당하시고 삼일 만에 부활하심으로 승리하셨으니 이제 제가 죄의 권세에서 자유하게 됐습니다.

예수님께서 보내 주신 성령님이 이제 제 안에 내주하사
죄를 깨닫게 해 주시므로 저의 생각대로 사는 것이 아니라 성령의 인도하심을 따라 살게 됐습니다.

C. 성령의 임재

1. 예수님은 지상에서의 삶을 마감하시며 우리와 함께하시는 존재로서 어떤 인격의 영을 주겠다고 약속하셨습니까(요 14:16-17)?

   1) 보혜사 성령(보혜사-곁에서 돕는 자)

   2) 진리의 영

요한복음 14:16-17

내가 아버지께 구하겠으니 그가 또 다른 보혜사를 너희에게 주사 영원토록 너희와 함께 있게 하리니 그는 진리의 영이라 세상은 능히 그를 받지 못하나니 이는 그를 보지도 못하고 알지도 못함이라 그러나 너희는 그를 아나니 그는 너희와 함께 거하심이요 또 너희 속에 계시겠음이라

2. 성령은 우리를 거듭나게 할 뿐만 아니라 우리 안에 거하십니다. 성령은 어떤 방법으로 신앙생활을 도와주십니까(요 14:25-26)?

   모든 것을 가르치시고 모든 것을 생각나게 하심

요한복음 14:25-26

내가 아직 너희와 함께 있어서 이 말을 너희에게 하였거니와 보혜사 곧 아버지께서 내 이름으로 보내실 성령 그가 너희에게 모든 것을 가르치고 내가 너희에게 말한 모든 것을 생각나게 하리라

3. 믿는 자의 삶이 갖는 독특한 특징을 다른 본문에 근거해서 설명해 보십시오 (요 7:37-39).

예수님을 믿는 자는 그 배에서 생수의 강이 흘러남
(믿는 자가 받을 성령을 가리킴)

요한복음 7:37-39
명절 끝날 곧 큰 날에 예수께서 서서 외쳐 이르시되 누구든지 목마르거든 내게로 와서 마시라 나를 믿는 자는 성경에 이름과 같이 그 배에서 생수의 강이 흘러나오리라 하시니 이는 그를 믿는 자들이 받을 성령을 가리켜 말씀하신 것이라 (예수께서 아직 영광을 받지 않으셨으므로 성령이 아직 그들에게 계시지 아니하시더라)

• 금주 과제 •

1. 『Q.T 첫걸음』(프리셉트)이나 『묵상하는 사람들』 등으로 매일 Q.T하기. (1주일에 5일 이상 Q.T하고 1일은 Q.T 묵상의 글쓰기)

3. 『기도하십니까?』(후안 카를로스 오르티즈 지음, 프리셉트) 일독하기.

3. 성구암송
"하나님이 세상을 이처럼 사랑하사 독생자를 주셨으니 이는 그를 믿는 자마다 멸망하지 않고 영생을 얻게 하려 하심이라"(요 3:16)

복음에 감격하는

새가족 성경공부 인도자용

4과

새·가·족·성·경·공·부

구원의 확증

＊ 요한복음 6:47

"진실로 진실로 너희에게 이르노니 믿는 자는 영생을 가졌나니"

마음 문을 열면서

10분 이내로 자유롭게 발표할 수 있도록 인도한다.

1. 지금까지 여러분의 생애에서 가장 큰 변화를 경험했던 때는 언제입니까?

STOP 짚어가기

> 예수님이 나의 주권자가 되신 사건을 말할 수 있도록 인도하고, 한 사람이 너무 오래 이야기하지 않도록 한다.

2. 여러분의 삶을 지탱하는 중요한 신념을 표현해 보십시오. 아울러 다른 사람들의 신념도 듣고 기록해 보십시오.

STOP 짚어가기

> 예를 들어, '나는 하나님의 딸[아들]이다, 하나님은 언제나 공의로우시다, 하나님이 하신 일은 모두 선하다'처럼 말할 수도 있고, 사랑, 의리, 돈에 대해 말할 수도 있다. 어떤 대답을 하든지 솔직한 대답이므로 칭찬을 아끼지 마라.

A. 잘못된 구원의 근거

여러분은 어떻게 구원받은 것을 알 수 있습니까? 무엇으로 여러분의 구원을 확증(확인하여 입증함)할 수 있을까요? '여러분은 구원받았습니까?'라는 질문을 받는다면 어떻게 답변하겠습니까? 솔직하게 여러분이 이해하는 대로 답해 보십시오. 사람들은 잘못된 근거에 입각하여 본인이 구원받았다고 착각할 수 있습니다.

STOP 짚어가기

우리는 성령의 임재로 구원받은 것을 안다. 그리고 상황과 상관없이 평강을 누릴 수 있으므로 구원받았음을 확신할 수 있다. 우리는 예수님이 나의 구주, 나의 주인이시므로 구원받았음을 확실하게 말할 수 있어야 한다.

1. 태어나서 지금까지 살면서 남을 해치지 않고 선량한 삶, 선행을 베푸는 삶을 살아왔다면 구원받을 수 있을까요(엡 2:8–9)?

   1) 하나님의 은혜로만 구원받음
   2) 구원은 행위에서 난 것이 아님, 이는 자랑하지 못하게 하시려는 것임

에베소서 2:8–9

너희는 그 은혜에 의하여 믿음으로 말미암아 구원을 받았으니 이것은 너희에게서 난 것이 아니요 하나님의 선물이라 행위에서 난 것이 아니니 이는 누구든지 자랑하지 못하게 함이라

2. 어떤 이는 훌륭한 인물들을 많이 배출한 기독교 가문에서 태어나 교회생활을 해 왔기 때문에 당연히 구원받았다고 생각하기도 합니다. 과연 그럴까요(요 1:13)?

1) 오직 하나님께로부터 난 자들만이 구원받음
2) 혈통, 육정, 사람의 뜻으로 나지 아니함

요한복음 1:13
이는 혈통으로나 육정으로나 사람의 뜻으로 나지 아니하고 오직 하나님께로부터 난 자들이니라

3. 어떤 이는 종교적 계율을 철저히 지키고 율법을 최선을 다해 지키는 삶을 살아왔기에 구원받을 것이라고 생각합니다. 율법의 행위로 사람이 의롭게 되는 것일까요(갈 2:16)?

오직 예수 그리스도를 믿음으로 말미암아 사람이 의롭게 됨

갈라디아서 2:16
사람이 의롭게 되는 것은 율법의 행위로 말미암음이 아니요 오직 예수 그리스도를 믿음으로 말미암는 줄 알므로 우리도 그리스도 예수를 믿나니 이는 우리가 율법의 행위로써가 아니고 그리스도를 믿음으로써 의롭다 함을 얻으려 함이라 율법의 행위로써는 의롭다 함을 얻을 육체가 없느니라

B. 구원을 확신케 하는 증거들

1. 변화된 삶

1) 다음 성경 말씀을 읽고, 예수님을 만나서 변화되기 전의 삶을 언급할 때는 직선_____을, 예수님을 만난 후 변화된 삶을 언급할 때는 곡선~~~~을 표시한 후 이를 도표에 정리해 보십시오.

【요한복음 4:6-30】

6 거기 또 야곱의 우물이 있더라 예수께서 길 가시다가 피곤하여 우물 곁에 그대
로 앉으시니 때가 여섯 시[주2)]쯤 되었더라
7 사마리아 여자 한 사람이 물을 길으러 왔으매 예수께서 물을 좀 달라 하시니
8 이는 제자들이 먹을 것을 사러 그 동네에 들어갔음이러라
9 사마리아 여자가 이르되 당신은 유대인으로서 어찌하여 사마리아 여자인 나에
게 물을 달라 하나이까 하니 이는 유대인이 사마리아인과 상종하지 아니함이
러라
10 예수께서 대답하여 이르시되 네가 만일 하나님의 선물과 또 네게 물 좀 달라
하는 이가 누구인 줄 알았더라면 네가 그에게 구하였을 것이요 그가 생수를 네
게 주었으리라
11 여자가 이르되 주여 물 길을 그릇도 없고 이 우물은 깊은데 어디서 당신이 그
생수를 얻겠사옵나이까
12 우리 조상 야곱이 이 우물을 우리에게 주셨고 또 여기서 자기와 자기 아들들과
짐승이 다 마셨는데 당신이 야곱보다 더 크니이까
13 예수께서 대답하여 이르시되 이 물을 마시는 자마다 다시 목마르려니와
14 내가 주는 물을 마시는 자는 영원히 목마르지 아니하리니 내가 주는 물은 그
속에서 영생하도록 솟아나는 샘물이 되리라
15 여자가 이르되 주여 그런 물을 내게 주사 목마르지도 않고 또 여기 물 길으러

오지도 않게 하옵소서
16 이르시되 가서 네 남편을 불러 오라
17 여자가 대답하여 이르되 나는 남편이 없나이다 예수께서 이르시되 네가 남편
이 없다 하는 말이 옳도다
18 너에게 남편 다섯이 있었고 지금 있는 자도 네 남편이 아니니 네 말이 참되도다
19 여자가 이르되 주여 내가 보니 선지자로소이다
20 우리 조상들은 이 산에서 예배하였는데 당신들의 말은 예배할 곳이 예루살렘
에 있다 하더이다
21 예수께서 이르시되 여자여 내 말을 믿으라 이 산에서도 말고 예루살렘에서도
말고 너희가 아버지께 예배할 때가 이르리라
22 너희는 알지 못하는 것을 예배하고 우리는 아는 것을 예배하노니 이는 구원이
유대인에게서 남이라
23 아버지께 참되게 예배하는 자들은 영과 진리로 예배할 때가 오나니 곧 이 때라
아버지께서는 자기에게 이렇게 예배하는 자들을 찾으시느니라
24 하나님은 영이시니 예배하는 자가 영과 진리로 예배할지니라
25 여자가 이르되 메시야 곧 그리스도라 하는 이가 오실 줄을 내가 아노니 그가
오시면 모든 것을 우리에게 알려 주시리이다
26 예수께서 이르시되 네게 말하는 내가 그라 하시니라
27 이 때에 제자들이 돌아와서 예수께서 여자와 말씀하시는 것을 이상히 여겼으
나 무엇을 구하시나이까 어찌하여 그와 말씀하시나이까 묻는 자가 없더라
28 여자가 물동이를 버려 두고 동네로 들어가서 사람들에게 이르되
29 내가 행한 모든 일을 내게 말한 사람을 와서 보라 이는 그리스도가 아니냐 하니
30 그들이 동네에서 나와 예수께로 오더라

주2) 여섯 시

오늘날 우리 시간으로 낮 12시를 가리킨다.

예수님을 만나기 전의 삶	예수님을 만난 후의 삶
6-7절: 무더운 낮 12시에 물을 길러 온 여자	25-26절: 자신이 소망했던 메시아 를 만난 여자
9절: 유대인이 상종하지 아니한 사마리아 에 속한 혼혈족 여자	28-29절: 물동이 를 버려 두고 예수님을 증거한 여자
18절: 여섯 번째 남편과 살고 있는 여자	30절: 동네 사람들을 예수님께로 인도한 여자

2) 예수 그리스도를 주님으로 영접하고 내 인생의 통치권을 그분께 드릴 때, 내 심령 안에서는 이미 혁명이 일어난 것입니다. 그 변화의 구체적인 모습은 어떻게 나타날까요?

① 인생 주인의 변화

내 인생의 주인이 누구에서 누구로 바뀌었습니까(골 2:6-7)?

나로부터 예수 그리스도로

골로새서 2:6-7
그러므로 너희가 그리스도 예수를 주로 받았으니 그 안에서 행하되 그 안에 뿌리를 박으며 세움을 받아 교훈을 받은 대로 믿음에 굳게 서서 감사함을 넘치게 하라

② 인격과 성품의 변화

다음 성경 말씀을 읽고, 변화받은 인격과 성품의 영역에 밑줄을 그어 보십시오(벧후 1:5–7; 갈 5:22–26).

베드로후서 1:5–7

그러므로 너희가 더욱 힘써 너희 믿음에 덕을, 덕에 지식을, 지식에 절제를, 절제에 인내를, 인내에 경건을, 경건에 형제 우애를, 형제 우애에 사랑을 더하라

갈라디아서 5:22–26

오직 성령의 열매는 사랑과 희락과 화평과 오래 참음과 자비와 양선과 충성과 온유와 절제니 이같은 것을 금지할 법이 없느니라 그리스도 예수의 사람들은 육체와 함께 그 정욕과 탐심을 십자가에 못 박았느니라 만일 우리가 성령으로 살면 또한 성령으로 행할지니 헛된 영광을 구하여 서로 노엽게 하거나 서로 투기하지 말지니라

③ 추구하는 영역의 변화

추구하는 바가 어떻게 바뀌었습니까(롬 8:5–7)?

생각의 영역이 바뀌어 영을 따르는 자는 영의 일을 생각함
(영의 생각은 생명과 평안)

로마서 8:5-7

육신을 따르는 자는 육신의 일을, 영을 따르는 자는 영의 일을 생각하나니 육신의 생각은 사망이요 영의 생각은 생명과 평안이니라 육신의 생각은 하나님과 원수가 되나니 이는 하나님의 법에 굴복하지 아니할 뿐 아니라 할 수도 없음이라

2. 성령의 내적 증거

1) 성령은 살아 계신 하나님의 영입니다. 우리가 그리스도를 주로 고백할 때 성령께서 우리 안에 내주하셔서 구원받은 백성임을 입증하십니다. 다음 성경 말씀을 읽고, 구원받은 백성이 갖는 3가지 사실을 작성해 보십시오(롬 8:14-16).

① 양자의 영을 받음

② 하나님을 아빠 아버지라 부름

③ 성령께서 우리가 하나님의 자녀인 것을 증언하심

로마서 8:14-16

무릇 하나님의 영으로 인도함을 받는 사람은 곧 하나님의 아들이라 너희는 다시 무서워하는 종의 영을 받지 아니하고 양자의 영을 받았으므로 우리가 아빠 아버지라고 부르짖느니라 성령이 친히 우리의 영과 더불어 우리가 하나님의 자녀인 것을 증언하시나니

2) 우리가 연약할 때 성령께서 우리를 위하여 하시는 사역이 있습니다. 그 사역은 무엇입니까(롬 8:26-27)?

① 우리의 연약함을 도우심
② 말할 수 없는 탄식으로 우리를 위해 친히 간구하심
③ 하나님의 뜻대로 성도를 위해 간구하심

로마서 8:26-27

이와 같이 성령도 우리의 연약함을 도우시나니 우리는 마땅히 기도할 바를 알지 못하나 오직 성령이 말할 수 없는 탄식으로 우리를 위하여 친히 간구하시느니라 마음을 살피시는 이가 성령의 생각을 아시나니 이는 성령이 하나님의 뜻대로 성도를 위하여 간구하심이니라

3) 우리 신앙을 그리스도 안에서 견고케 하시고 구원을 보증하시기 위해서 하나님은 어떤 조치를 취하셨습니까(고후 1:21-22)?

보증으로 우리 마음에 성령을 주심

고린도후서 1:21-22

우리를 너희와 함께 그리스도 안에서 굳건하게 하시고 우리에게 기름을 부으신 이는 하나님이시니 그가 또한 우리에게 인치시고 보증으로 우리 마음에 성령을 주셨느니라

3. 말씀의 외적 증거

하나님께서는 하나님의 말씀으로 구원받은 증거를 밝혀 주고 계십니다. 다음 성경 말씀을 읽고, 구원받은 증거에 밑줄을 그어 보십시오.

요한일서 5:11-13

또 증거는 이것이니 하나님이 우리에게 영생을 주신 것과 이 생명이 그의 아들 안에 있는 그것이니라 아들이 있는 자에게는 생명이 있고 하나님의 아들이 없는 자에게는 생명이 없느니라 내가 하나님의 아들의 이름을 믿는 너희에게 이것을 쓰는 것은 너희로 하여금 너희에게 영생이 있음을 알게 하려 함이라

요한복음 1:12-13

영접하는 자 곧 그 이름을 믿는 자들에게는 하나님의 자녀가 되는 권세를 주셨으니 이는 혈통으로나 육정으로나 사람의 뜻으로 나지 아니하고 오직 하나님께로부터 난 자들이니라

ⓐ 영원한 생명을 주심
ⓑ 이 생명이 바로 그의 아들 안에 있음
ⓒ 아들이 있는 자에게는 생명이 있음
ⓓ 하나님의 아들의 이름을 믿는 자들에게 영생이 있음
ⓔ 영접하는 자들에게 하나님의 자녀가 되는 권세를 주심
ⓕ 오직 하나님께로 난 자들임

C. 구원과 느낌

1. 말씀의 증거는 확정된 사실의 표현이기 때문에 느낌이나 감정적 흥분을 반드시 수반하는 것은 아닙니다. 확정된 사실을 알고 깨닫고 믿는 것이 중요합니다. 하나님은 전지전능한 하나님이시며 약속을 반드시 지키는 '언약의 하나님' 이십니다. 성경은 '오래된 약속(구약)'과 '새로운 약속(신약)'으로 구성돼 있습니다. 성경 전체가 하나님의 약속과 성취로 가득 차 있습니다.

【창세기 15:4-6】

4 여호와의 말씀이 그에게 임하여 이르시되 그 사람이 네 상속자가 아니라 네 몸에서 날 자가 네 상속자가 되리라 하시고
5 그를 이끌고 밖으로 나가 이르시되 하늘을 우러러 뭇별을 셀 수 있나 보라 또 그에게 이르시되 네 자손이 이와 같으리라
6 아브람이 여호와를 믿으니 여호와께서 이를 그의 의로 여기시고

STOP 짚어가기

확정된 사실을 알고 깨닫고 믿는 것이 중요하다. 하나님은 전지전능한 하나님, 약속을 반드시 지키는 언약의 하나님이심과 성경 전체가 하나님의 약속과 성취로 가득함을 깨닫고 믿도록 도우라.

1) 앞의 본문에서 하나님은 아브람에게 무엇을 약속하셨습니까(4절)?

상속자

2) 이 약속을 믿도록 돕기 위해서 어떤 예증을 보여 주십니까(5절)?

앞으로 이끌어 내어 하늘을 우러러 뭇별을 셀 수 있나 보라 하심

3) 아브람은 이 하나님의 약속에 대해 어떻게 반응했습니까(6절)?

여호와를 믿음

4) 믿은 결과 어떻게 됐습니까? 하나님께서 보여 주신 반응과 역사에 나타난 결과는 무엇입니까(6절)?

여호와께서 이를 그의 의로 여기심

2. 사실은 느낌으로 확인되는 것이 아닙니다. 사실은 감정과 관계없이 사실입니다. 다음 말씀을 5번 암송해 보십시오.

요한복음 5:24

내가 진실로 진실로 너희에게 이르노니 내 말을 듣고 또 나 보내신 이를 믿는 자는 영생을 얻었고 심판에 이르지 아니하나니 사망에서 생명으로 옮겼느니라

D. 적용

1. 구원을 확신케 하는 증거 3가지를 자신의 말로 작성해 보십시오.

1) 삶의 변화– 하나님이 내 인생의 전반에 걸쳐 하신 일은 모두 선하심
2) 성령의 보증– 내주하심으로 나를 깨닫게 하시고 중보하심
3) 말씀의 외적 증거– 믿는 자에게는 하나님의 자녀가 되는 권세를 주셨다고 말씀하심

STOP 짚어가기

이 부분에서 신앙고백이 이루어져야 한다. 여기서 부족하면 신앙이 흔들릴 수 있다. 3가지 영역 안에서 신앙고백 하도록 인도하라.

2. 오늘 공부한 내용을 다시 묵상하면서 구원의 확증에 대한 기도문을 작성해 보십시오.

❖ 구원의 확증에 대한 기도문

• 금주 과제 •

1. 『Q.T 첫 걸음』(프리셉트)이나 『묵상하는 사람들』 등으로 매일 Q.T하기.
   (1주일에 5일 이상 Q.T하고 1일은 Q.T 묵상의 글쓰기)

2. 『언약』(케이 아더 지음, 프리셉트) 일독하기.

3. 성구암송

   "내가 주는 물을 마시는 자는 영원히 목마르지 아니하리니 내가 주는 물은 그 속에서 영생하도록 솟아나는 샘물이 되리라"(요 4:14)

복음에 감격하는

새가족 성경공부 인도자용

5과

새·가·족·성·경·공·부

결단 그리고 새로운 삶

＊ 누가복음 19:9

"예수께서 이르시되 오늘 구원이 이 집에 이르렀으니 이 사람도 아브라함의 자손임이로다"

마음 문을 열면서

10분 이내로 자유롭게 발표할 수 있도록 인도한다.

1. 인생을 살아가는 데 있어서 '돈'은 어떤 의미가 있을까요? 여러분에게 약 10억 원의 자금이 주어진다면 어디에 사용하겠습니까?

STOP 짚어가기

세상적인 욕심을 나타낸다 해도 칭찬을 아끼지 마라. 오히려 솔직한 것이 더 좋다.

2. 여러분의 생애에서 돈보다 더 소중하게 생각하는 대상을 기록해 보십시오.

STOP 짚어가기

돈이 나쁜 것이라고 단정 짓지는 말아야 한다. 마음 문을 열 수 있도록 어떤 이야기든 자유롭게 하게 하라.

3. 돈 때문에 의미 있는 일을 할 수 없었던 가슴 아픈 경험이 있다면 나눠 보십시오.

STOP 짚어가기

아래 박스의 내용을 충분히 숙지하라. 분분한 말이 많을 수 있으니 오래 끌지 말고 간단히 넘어가라.

오늘날 '뭐니뭐니 해도 머니(Money)가 최고'라는 말이 회자되고 있습니다. 이 시대의 우상은 뭐니뭐니 해도 돈임에 틀림없습니다. 돈 때문에 자식이 부모를 죽이고, 돈 때문에 친구를 배신하고, 돈 때문에 극악한 죄를 범하기도 합니다. 하지만 이것은 오늘날의 문제만은 아닙니다. 예수님 시대에도 마찬가지였습니다. 예수님께서는 이렇게 말씀하셨습니다. "재물이 있는 자는 하나님의 나라에 들어가기가 얼마나 어려운지 낙타가 바늘귀로 들어가는 것이 부자가 하나님의 나라에 들어가는 것보다 쉬우니라"(눅 18:24-25). 그런데 예수님을 믿으면 가치관에 큰 변화가 옵니다. 이제 본문에서는 한 부자가 예수님을 믿고 자신이 가진 재산의 절반을 내어 놓는 기적 같은 사건이 등장합니다.

A. 삭개오

1. 다음 성경 말씀을 읽고, 삭개오라는 인물을 설명하거나 삭개오가 언급되는 부분에 밑줄을 긋고 목록을 작성해 보십시오.

【누가복음 19:1-10】

1 예수께서 여리고로 들어가 지나가시더라
2 삭개오라 이름하는 자가 있으니 세리장[주3)]이요 또한 부자라
3 그가 예수께서 어떠한 사람인가 하여 보고자 하되 키가 작고 사람이 많아 할 수 없어
4 앞으로 달려가서 보기 위하여 돌무화과나무에 올라가니 이는 예수께서 그리로 지나가시게 됨이러라
5 예수께서 그 곳에 이르사 쳐다 보시고 이르시되 삭개오야 속히 내려오라 내가 오늘 네 집에 유하여야 하겠다 하시니
6 급히 내려와 즐거워하며 영접하거늘
7 뭇 사람이 보고 수군거려 이르되 저가 죄인의 집에 유하러 들어갔도다 하더라
8 삭개오가 서서 주께 여짜오되 주여 보시옵소서 내 소유의 절반을 가난한 자들에게 주겠사오며 만일 누구의 것을 속여 빼앗은 일이 있으면 네 갑절이나 갚겠나이다
9 예수께서 이르시되 오늘 구원이 이 집에 이르렀으니 이 사람도 아브라함의 자손임이로다
10 인자가 온 것은 잃어버린 자를 찾아 구원하려 함이니라

주3) 세리장

세리장은 세무서의 책임자로서, 당시 세리들은 백성들에게 과중한 세금을 징수하여 지배자인 로마 제국에 절반을 바치게 하고 나머지 절반은 착취함으로써 백성들로부터 원성을 많이 듣고 죄인 취급을 받던 직업이었다.

삭개오에 대한 목록 작성

1절: 여리고에 사는 자

2절: 세리장, 부자

3절: 키가 작은 자

4절: 예수님을 보기 위해 돌무화과나무에 올라간 자
예수님을 만나고자 하는 간절한 열망을 가진 자

5절: 예수님께서 집으로 방문하시겠다는 말씀을 들은 자
– 예수님께서 주목하심

6절: 즐거워하며 예수님을 영접한 자

8절: 소유의 절반을 가난한 자에게 주겠다 한 자
속여 빼앗은 것을 4배나 갚겠다고 선언한 자

9절: 예수님으로부터 구원이 이 집에 이르렀다는 말씀을 들은 자

2. 당시 사람들은 삭개오를 어떤 인물로 취급했습니까(7절)?

죄인

STOP 짚어가기

주3) 설명을 숙지하라.

3. 예수님은 돌무화과나무에 오른 삭개오를 어떻게 대하셨습니까(5절)?

주목하시고 특별히 취급하심, 네 집에 유하겠다 하심

STOP 짚어가기

예수님은 누구든지 당신을 만나기 원한다면 결코 소홀히 대하시지 않는다는 사실을 느낄 수 있도록 인도하라.

4. 예수님의 부르심 앞에서 삭개오는 어떤 태도를 취했습니까(6절)?

급히 내려와 즐거워하며 기뻐함

5. 삭개오는 예수님을 영접한 후 어떤 결단을 내렸습니까(8절)?

재산의 절반을 가난한 자에게 주겠다고 함, 속여 빼앗은 것의 4배를 갚겠다고 함

6. 삭개오의 생애를 고려해 보건대, 이 결단은 삭개오에게 어떤 의미였습니까(9-10절)?

1) 가치관이 바뀜- 구원의 증표가 확실함

2) 행동을 가져오게 한 믿음이 구원의 증표를 가져옴

B. 가치관의 변화

1. 예수님을 영접하면 내 인생에 혁명적인 가치관의 변화가 일어납니다. 그리스도인이 된다는 것은 무엇을 의미하는지 다음 성경 말씀을 읽고, 빈칸을 채운 후 목록을 작성해 보십시오.

【고린도후서 5:15-17】

15 그가 모든 사람을 대신하여 죽으심은 살아 있는 자들로 하여금 다시는 그들 자
신을 위하여 살지 않고 오직 그들을 대신하여 죽었다가 다시 살아나신 이를 위
하여 살게 하려 함이라
16 그러므로 우리가 이제부터는 어떤 사람도 육신을 따라 알지 아니하노라 비록
우리가 그리스도도 육신을 따라 알았으나 이제부터는 그같이 알지 아니하노라
17 그런즉 누구든지 (그리스도 안에 있으면 새로운 피조물이라) 이전 것은 지나
갔으니 (보라 새 것이 되었도다)

1) 내 삶은 나를 위한 삶이 아니고 나를 위해 죽으신 예수님을 위한 삶임
2) 그러므로 이제부터는 아무도 육신대로 알지 않기로 작정함
3) 그리스도 안에서 새로운 피조물로 거듭남

STOP 짚어가기

예수님을 만나고 난 후의 혁명적 변화는 삶의 목적이 바뀌는 것이다.
내 소유권이 주님의 소유권으로 바뀐다.

2. 그리스도인이 된다는 것은 가치관이 바뀜을 의미합니다. 여러분은 그리스도인으로서 어떤 결단을 내리겠습니까?

예) – 진리를 알기를 결단함

– 진리를 행하기를 결단함

– 진리에 순복하기를 결단함

– 내 인생의 주인은 내가 아니라 주님이심을 결단함

– 나의 모든 재산과 소득이 주님의 것임을 결단함

– 소득의 일부를 주께 드리기를 결단함

– 그리스도의 영광을 위해서 존재함을 결단함

3. 새로운 피조물로서 다음을 결단하십시오.

STOP 짚어가기

다음 박스의 내용을 같이 읽으면서 주저하지 않고 결단하도록 도우라. 확신을 고백할 수 있도록 분위기를 조성하되 강요는 하지 않도록 한다.

	결 단
1) 성경 읽기	저는 하나님의 아들입니다. 하나님의 아들로서 성경을 매일 15분 이상 읽겠습니다. 성경 중(ㅁ요한복음 ㅁ마가복음 ㅁ시편 ㅁ잠언)을 매일 1장씩 읽겠습니다. 또는 『묵상하는 사람들』 등의 Q.T 교재로 매일 15분 이상 묵상하겠습니다(ㅁ정기적인 묵상). 아울러 하나님의 말씀으로 양육 받고 자라 가겠습니다(ㅁ양육반 참여).

2) 기 도	하나님을 믿는 백성은 하나님과 기도로 대화하며 교통하는 특권을 갖습니다. 저는 날마다 하나님께 나아가서 도우심과 지혜를 구하겠습니다.
3) 예배 참여	하나님은 예배를 기뻐 받으십니다. 저는 일주일에 한 번 이상 정기적으로 예배에 출석해서 하나님을 경배하겠습니다(ㅁ주일오전예배, ㅁ주일오후예배, ㅁ수요예배, ㅁ금요기도회, ㅁ기타).
4) 성도의 교제	저는 하나님 안에서 신실한 형제 자매들과 성도의 교제를 나누며 살겠습니다.

• 금주 과제 •

1. 『Q.T 첫 걸음』(프리셉트)이나 『묵상하는 사람들』 등으로 매일 Q.T하기.
   (1주일에 5일 이상 Q.T하고 1일은 Q.T 묵상의 글쓰기)

2. 『당신은 건강한 그리스도인인가?』(R.C. 스프롤 지음, 프리셉트) 일독하기.

3. 성구암송

   "예수께서 이르시되 오늘 구원이 이 집에 이르렀으니 이 사람도 아브라함의 자손임이로다"(눅 19:9)

4. 다음 성경공부 과정을 자세히 안내받고 1과 예습하기

5주간 복음감격반에 참여해 주시고 수료하신 것을 진심으로 축하드립니다. 예수님의 십자가를 통해 죄사함을 받고 영원한 생명과 참만족을 누리는 복된 삶이 되기 바랍니다. 그 구원의 은혜와 변화된 삶, 그리고 결단에 대해 간증문을 작성해 보십시오.

p.23의 '나의 신앙고백', p.48의 '기도문', p.66의 '구원의 확증에 대한 기도문' 등을 요약하고 결단을 작성해 주시면 훌륭한 '수료 간증문'이 될 것입니다.

인도자용에서 '나의 신앙고백'은 p.28, '기도문'은 p.57, '구원의 확증에 대한 기도문'은 p.74에 수록되어 있습니다.

❖ 수료 간증문

✚ 새가족을 위한 용어 사전 ✚

계시 – 사람들이 알지 못하는 것을 하나님께서 가르쳐서 알게 하는 것이다. 처음 사람이 하나님을 알게 된 것도 하나님께서 자신을 계시하셨기 때문이다.

고난 – '괴로움과 어려움', 하나님 나라와 복음을 위해 성도들이 겪는 어려움을 말한다.

교단 – 같은 신앙을 고백하는 성도들이 모여서 만든 단체다. 한국 교회에 여러 교단이 있는 것은 각기 다른 교단의 선교사들에 의해 복음이 전파되었기 때문이다.

교독문 – 교독은 서로 번갈아 가면서 읽는다는 뜻이며 교독문은 번갈아 가면서 읽는 성경 말씀이다. 교독문을 읽으면서 성도들은 자신의 마음을 돌아보게 된다.

교리 – 성경의 내용들과 중요한 가르침들을 모아 성도들이 공부하도록 만든 것이다. 교리는 성경의 내용들이 오랜 교회의 역사를 통해서 이루어진 것이다.

교역자 – 교회에서 설교, 심방, 행정, 교육부서를 맡아서 일하는 목회자(목사, 전도사)들을 통틀어 교역자라고 한다.

구속 – 죄의 값을 치르고 다시 사는 것을 말한다. 예수님께서 우리를 구속하셨다는 말은 우리의 죗값을 치르시고 우리를 하나님의 자녀로 삼아 주셨다는 뜻이다.

구원 – 인류의 죄악으로부터 건져내어 천국으로 가게 하는 것이다. 구원은 예수님으로부터 온다.

독생자 – 하나님의 아들 예수님에 대한 표현으로 '하나밖에 없는 아들', '특별한 출생을 한 아들'이라는 의미로, 사람들과는 전혀 다른 예수 그리스도의 출생과 하나님과의 관계에 대한 표현이다.

메시야 – 헬라어의 '그리스도'와 같은 말이다. '세상을 구원하실 자'라는 말이다.

목사 – 안수를 받아 하나님의 말씀을 전하고 성례를 행하며 성도를 돌보는 일을 한다.

묵도 – 눈을 감고 경건한 마음으로 기도한다. 예배를 드리기 위해 분주한 마음을 정리하면서 예배로 나아간다.

묵상 – 하나님의 말씀을 읽고 듣고 외운 다음 그것을 마음속 깊이 생각하여 삶 속에 실천하는 과정이다.

보혈 – '보배로운 피'라는 뜻으로, 그리스도께서 우리를 위해 십자가에서 흘리신 구속의 피를 말한다.

보혜사 – '도우시는 이'라는 뜻으로, 하나님을 바로 알고 말씀을 깊이 이해하도록 하여 그리스도인의 삶을 살도록 돕는다는 표현이다. 성경에서는 성령님과 예수님에 대해서 이 표현을 사용했다.

사탄 – 마귀, 귀신 등 악한 영들의 대표로 처음 하나님을 보좌하던 천사였으나 교만하여 타락했다. 사탄은 타락한 천사이며 성도들을 시험하고 속여서 구원받지 못하게 한다. 이 사탄은 마지막 심판 날에 영원한 지옥 불못에 갇히게 된다.

샬롬 – 하나님의 평화를 바라는 인사말이다.

성례 – '거룩한 예식'이라는 뜻으로 성찬과 세례가 있다. 성찬은 예수님의 죽음을 기념하는 행사로 떡과 포도주를 나누는 것을 관장하며, 세례는 교회에서 처음 예수님을 믿고자 결심한 사람에게 그리스도의 한 몸이 된 것을 나타내는 예식이다.

성육신 – 거룩하시고 영원하신 하나님이 사람이 되어 이 땅에 오셨다는 말로 예수님께서 이 땅에 사람으로 오신 것을 말한다.

성화 – 거룩하게 되어 간다는 말로 예수님을 닮아 가는 과정을 말하며, 그리스도인이 이 땅에서 살아가는 과정을 의미한다.

세례(침례) – 세례는 물에 몸이 잠겼다가 다시 나오는 예식으로 각 교단마다 그 방법을 조금씩 다르게 하고 있지만 같은 뜻을 내포하고 있다. 세례는 이제 완전한 그리스도의 사람이 되었다는 것을 상징하는 예식으로 몸이 물에 잠길 때 세상과 죄에 대해서 죽었다는 것을 뜻한다. 즉 "나는 예수님의 죽으심 때문에 세상과 죄에 대해서 죽었습니다. 그리고 다시 올라올 때는 그리스도와 함께 다시 살아났습니다. 즉 나는 영원히 그리스도와 함께 살겠습니다"라는 고백의 의미다. 그래서 세례는 그리스도와 연합하게 한다. 세례는 의식도 중요하지만 먼저 그 마음에 진심으로 그리스도의 사람이 되고자 하는 신앙 고백과 믿음이 선행되어야 한다.

송영 – 시를 외워서 읊는다는 의미로 예배를 돕는 성가대의 찬양이나 음악

반주를 의미한다.

심판 – 죽은 후 하나님 앞에서 그 행위에 대한 심판을 받게 된다. 죽음이 반드시 있는 것이라면 심판도 반드시 있는 것이다. 이 심판을 통해서 하나님을 섬기고 살았던 사람들에게는 위로의 천국을, 악하게 하나님을 떠나 살았던 사람들에게는 지옥을 주신다.

십자가 – 죄인들을 죽이는 형틀의 하나로, 예수님께서 십자가의 형틀에서 운명하셨다. 그 죽음으로 인해서 구속, 죄 사함이 이루어졌기 때문에 십자가를 말할 때는 단순한 형틀보다는 예수님의 죽으신 사건 전체를 의미하는 경우가 많다.

아멘 – 아멘은 '위의 내용에 동의합니다' 혹은 '그 내용이 이루어지기를 바랍니다'라는 뜻으로, 기도를 마칠 때나 깊은 공감을 나타낼 때 사용한다.

여호와 – '영원하신 하나님'이라는 뜻이다. 인간처럼 출생과 죽음이 있는 것이 아니라 시간을 넘어선 '스스로 계신 자', '영원히 변치 않으시는 분'이라는 하나님의 이름 중 하나이다.

영생 – 영생은 영원한 생명을 소유하는 것을 말한다. 이 영원한 생명은 예수님을 통해서 얻게 되며 하나님과 예수님을 바로 아는 것이 영생이다.

영화 – 예수님과 같이 영화롭게 된다는 말로 예수님의 재림이 있을 때 그리스도인들이 그렇게 된다.

율법 – 하나님께서 사람들이 하나님을 경외하며 사람을 사랑하는 데 필요한 규칙과 원칙 같은 것을 만들어 주셨다. 이 율법의 완성은 사랑이다.

은사 – 은사는 하나님께서 성도들에게 주신 선물이다. 이 선물로 성도들은 하나님께 영광을 돌리고 봉사를 하며 성도들을 온전케 하는 일을 하게 된다.

이단 – '다른 무리'라는 뜻으로 하나님과 성경에 대해서 다르게 가르치는 무리들을 말한다. 일반적으로 삼위일체의 하나님과 예수님의 동정녀 탄생을 부정하는 이단들이 많다.

임마누엘 – '하나님이 우리와 함께 계신다'라는 뜻이다.

장로 – '경건의 모범이 되는 자'라는 뜻으로 심방과 기도로 성도들의 신앙을 돌보는 직분이다.

재림 – 예수님께서 이 땅에 다시 오시는 날을 의미한다. 재림이 있을 때 하나님을 믿는 사람은 영원한 하나님 나라로, 악한 사람들은 영원한 지옥으로 가게 된다.

죄 – '과녁에서 빗나가다' 혹은 '목표에 이르지 못하다'라는 뜻으로 하나님의 영광까지 이르지 못한 상태(롬 3:23)를 말한다. 즉 하나님의 명령을 어긴 것과 순종이 부족한 부분이다. 죄를 정하는 기준은 하나님의 관점이며 하나님의 말씀을 불순종하는 것이다.

중보자 – '가운데서 보증을 해 주는 사람'이라는 뜻으로 거룩하신 하나님과 죄 많은 인간 사이에서 자신의 죽음으로 평화의 길을 여신 예수님을 말한다.

중생 – '거듭남', '새로남', '다시 태어남'이라는 뜻으로 예수님 안에서 새롭게 변화된 삶이다.

지옥 – 하나님께 순종하지 않고 악하게 산 사람들이 머무르는 곳으로, 영원한 형벌과 고통이 있다.

천국 – 하나님과 함께 거하는 곳이다. 이 땅에서의 천국은 예수님을 모신 곳, 즉 복음이 전파된 곳을 말하며 완전한 천국은 모든 것이 끝난 후 영원히 하나님과 함께 거하는 곳이다.

축도 – 목사님이 성부, 성자, 성령 하나님의 이름으로 성도들에게 축복을 베푸는 기도다.

칭의 – 의롭다고 칭해 주었다는 의미다. 예수 이름을 믿는 사람의 현 상태는 여전히 죄인이지만 하나님께서 예수님 때문에 의롭다고 해 주셔서 신분은 의인이 된다. 이것은 구원의 시작이다.

할렐루야 – '여호와를 찬양하라'는 히브리 말이다.

호산나 – '우리를 구원하소서'라는 뜻으로 예수님께서 죽으시기 위해 예루살렘 성으로 입성하실 때 백성들이 승리를 상징하는 종려나무 가지를 들고 환영할 때 불렀다.

회개 – '자신의 잘못을 돌이키다'라는 뜻으로 죄를 짓던 생활에서 하나님께로 돌아오는 행동을 말한다. 회개는 가장 먼저 생각이 세상적인 생각에서 하나님의 생각으로 바뀌게 되는 것이다.

회중 – '무리들'이라는 뜻으로, 주보에서 회중이란 뜻은 사회자와 반대가 되는 성도들을 뜻한다.

새가족 성경공부 교재

복음에 감격하는 새가족 성경공부

처음 교회에 등록한 분들이 초신자이든 기신자이든 예수님을 만나서 변화된 삶의 축복을 누리도록 돕는 교재다. 이런 의미에서 초신자와 기신자를 함께 아우르는 통합반 교재라고 할 수 있다(인도자용 별도).

■ 김경섭 지음 | 학생용 값 5,000원 인도자용 값 6,000원

초신자를 위한 새가족 성경공부

처음 교회에 출석하는 초신자들에게 삼위일체 하나님과 구원 그리고 구체적인 신앙생활을 안내하는 교재다. 비교적 쉽고 단순하게 만들었기에, 견고한 신앙의 기초를 다지게 할 것이다.

■ 김경섭 지음 | 값 3,500원

기신자를 위한 새가족 성경공부

교회에 등록하는 성도 중 상당수는 이미 예수님을 믿고 교회 생활을 해 온 분들이다. 그분들이 처음 교회에 등록했을 때 신앙의 기초를 확인하고 좀 더 깊이 신앙생활을 할 수 있도록 안내하는 성경공부 교재다.

■ 김경섭 지음 | 값 3,800원

새가족 나눔 교재

오늘날 성도 중에는 '성경공부'라는 단어에 거부감을 가지는 사람들도 있다. 이 교재는 공부하는 도구라기 보다는 함께 교제를 나눈 후에 같이 읽어 가는 나눔식 새가족 안내 자료다.

■ 김경섭 지음 | 값 3,800원

프리셉트 T. 02-588-2218 | www.precept.or.kr

단계별 성경공부 교재

❶ 프리셉트 맨투맨 제자 양육

예수님의 제자로 살고자 할 때 가장 기초가 되는 10가지 사항을 하나님의 말씀으로 적용하도록 안내하는 교재다(1시간 예습, 교사용 별도).

▪ 프리셉트성경연구원 편 | 학생용 값 8,000원 교사용 값 10,000원

❷ 프리셉트 신앙성장 학교 Ⅰ

신앙생활을 시작한 성도가 예수님의 사랑으로 신앙심이 자라갈 때 점검해야 할 사항들을 주제별로 엮은 교재다(1시간 예습).

▪ 김경섭 지음 | 값 6,500원

❸ 프리셉트 큐티 학교

하나님의 말씀을 매일 묵상할 수 있도록 도와주는 묵상지인 『묵상하는사람들』을 효과적으로 사용할 수 있게 안내하는 교재다.

▪ 김경섭 지음 | 값 5,000원

❹ 프리셉트 제자도

약 22주의 과정 동안 '마음의 세계, 행실, 이웃관계와 공동체, 하나님과의 관계' 등에 대해 본격적으로 훈련하는 내용을 담고 있다(90분 예습).

▪ 김경섭 지음 | 값 9,500원

❺ 성막

예수님의 삶과 사역을 예표하는 하나님의 특별 교육 도구요 임재의 처소였던 구약 시대의 성막을 통해, 예수님을 깊이 체득하는 시간을 갖는다(90분 예습, 인도자용 별도).

▪ 김경섭 지음 | 학생용 값 8,000원 인도자용 값 15,000원

❻ 성도의 확신 Ⅰ, Ⅱ

이 교재는 제자로서 하나님의 마음을 알고 성도의 7대 확신(사죄, 구원, 임재, 동행, 기도응답, 승리, 상급)을 확립할 수 있게 돕는다(5시간 예습).

▪ 김경섭 지음 | 1권 값 10,000원 2권 값 15,000원

❼ 성도의 사역

한 성도가 지역 교회의 평신도 지도자로서 확립해야 할 내용을 숙지하고 성숙한 제자로 자라가는 데 있어서 결정적으로 도움을 주는 필수코스다(5시간 예습).

▪ 김경섭 지음 | 값 18,000원

프리셉트 T. 02-588-2218 | www.precept.or.kr

복음에 감격하는

새가족 성경공부 인도자용

지은이 | 김경섭

초판 1쇄 | 2007년 6월 18일
개정 1판 1쇄 | 2020년 5월 12일

발행인 | 김경섭
국제총무 | 최복순
총무 | 김상현
기획국장 | 김현욱
서적부 | 양재성, 신충경
편집부 | 고유영(편집실장), 김지혜, 허윤희, 유권지

발행처 | 묵상하는사람들
등록번호 | 20-333
일부총판 | 생명의말씀사 Tel. (02) 3159-7979 Fax. 080-022-8585

주소 | 서울시 동작구 사당로2가길 91(사당동) (우) 07028
전화 | (02) 588-2218 팩스 | (02) 588-2268
홈페이지 | www.precept.or.kr
국민은행 772-21-0310-382(김경섭)
2007, 2020 © 묵상하는사람들

값 6,000원
ISBN 978-89-8475-786-8 04230
978-89-8475-702-8 04230(세트)

독자 여러분의 의견을 기다립니다.
독자 전화 (02) 588-2218 / pmnqt@hanmail.net